精神心理健康系列丛书

Mental Health

安全 联结 赋能

——青少年儿童社会情感能力培养手册

[美] 莉萨·威德·菲弗　劳拉·西布尔德　著

罗丹　译　刘忠纯　主审

Trauma-Informed Social-Emotional Toolbox for Children & Adolescents

116 Worksheets & Skill-Building Exercises to Support Safety, Connection & Empowerment

WUHAN UNIVERSITY PRESS

武汉大学出版社

图书在版编目(CIP)数据

安全 联结 赋能:青少年儿童社会情感能力培养手册/(美)莉萨·威德·菲弗,(美)劳拉·西布尔德著;罗丹译.—武汉:武汉大学出版社,2023.7
精神心理健康系列丛书
ISBN 978-7-307-23751-3

Ⅰ.安… Ⅱ.①莉… ②劳… ③罗… Ⅲ.①青少年教育—情感教育—能力培养—手册 ②儿童教育—情感教育—能力培养—手册 Ⅳ.G44-62

中国国家版本馆 CIP 数据核字(2023)第 094943 号

责任编辑:李 玚 责任校对:李孟潇 整体设计:韩闻锦

出版发行:**武汉大学出版社** (430072 武昌 珞珈山)

(电子邮箱:cbs22@whu.edu.cn 网址:www.wdp.com.cn)

印刷:武汉科源印刷设计有限公司

开本:787×1092 1/16 印张:11.5 字数:231 千字 插页:1

版次:2023 年 7 月第 1 版 2023 年 7 月第 1 次印刷

ISBN 978-7-307-23751-3 定价:40.00 元

译者序

亲爱的读者：

作为本书的译者，我非常荣幸地向您介绍《安全　联结　赋能——青少年儿童社会情感能力培养手册》，这是一本帮助青少年儿童培养社会情感能力的工具书。

社会情感能力是指在人际交往和社会环境中所需的一系列技能和能力，帮助人们有效地理解和应对情绪，与他人建立积极关系，并在各种社交情境中表现出合适的行为。儿童青少年在成长过程中常常面临情绪波动和多方面的挑战。社会情感能力的培养有助于他们更好地理解和管理自己的情绪，避免冲动行为，并采取适当的方法来应对压力和焦虑。当儿童青少年具备较好的社会情感能力时，他们能更好地理解他人的情感和需求，增进同理心，更加敏锐地处理人际关系，建立积极的、支持性的友谊和亲密关系，这有助于他们更好地发展人际关系并培养积极的心理素质，更好地适应日益复杂的社会环境。因此，培养儿童青少年的社会情感能力对他们的成长和未来的成功有着深远的影响。

本书提供了可供儿童青少年和家人参与的116个实践活动。通过这些活动，儿童青少年能够学会有效处理情绪，积极应对挑战，并与他人建立健康、支持性的关系。在翻译的过程中，我深刻认识到，培养青少年的社会情感能力对于他们的成长和幸福至关重要。我真诚地希望这本译作能够为广大读者带来启示，并为教育工作者、心理专家、家长和其他关心青少年成长的人士提供实用的指导。让我们共同努力，为儿童青少年创造一个温暖、支持性的环境，帮助他们成为更加自信、坚韧和富有同理心的社会成员。

本书的翻译和出版获得了中央高校基本科研业务费专项资金资助项目（项目号：2042022kf1037）和国家重点研发计划项目（项目号：2018YFC1314600）的资助。在本书的翻译过程中，我得到了我的同事刘茜、杨冰香和王晓琴，学生夏琳、李欣怡、周思辰和江雨蕾的帮助，他们对译稿提供了许多建设性的意见。同时还要感谢刘忠纯教授在推动本书的翻译工作中给予的帮助与支持。感谢武汉大学出版社的编辑对于“精神心理健康系列丛书”的组织和协调。没有你们的帮助，这本书无法如此完整地呈现在读者面前。

翻译是一项复杂而细致的工作，确保准确传达原著的意义至关重要，由于译者水平所限，在本书的翻译中如有任何不足之处，还请您予以包容。

感谢您阅读本书，希望它能为您带来帮助，并成为培养儿童青少年和家人培养社会情感能力的有用资源。

祝愿您和您的家人在学习与成长的道路上蒸蒸日上！

罗丹

武汉大学护理学院

2023年夏

前 言

一天，12 岁的贾斯敏经过学校的走廊时，偶然遇到了两个正在打闹的男生。当时很多同学从那两个男生身边经过，大家对这样的场景都习以为常。然而，贾斯敏的反应却截然不同。这样的情形让贾斯敏回忆起了自己过去曾遭受的暴力和不确定感的经历，让她感到恐惧并担心自己的安全。突然间，贾斯敏感到自己心跳加速，开始出汗，呼吸也变得急促起来——她只想快点逃跑。贾斯敏全然不明白这是为什么，但是她只知道自己必须逃走。于是她径直跑去厕所躲了起来。在这样的情景下，贾斯敏所感受到的一切难以言表，她只能蜷缩在厕所里，希望恐惧会慢慢消退。在整个过程中，她完全不知如何处理这突如其来的笼罩着她的情绪。贾斯敏感到浑身僵硬。此时，对于她来说躲起来就是最好的选择。其实，发生的这一切是因为贾斯敏经历过不为外人所知的家庭暴力，使贾斯敏在应对环境压力、社会压力和个体心理压力时，失去了所需的信任成年人、结交朋友和解决问题的能力。

像贾斯敏一样在日常生活中难以维护基本的个人需求(例如安全、信任和人际关系等方面的需求)的孩子绝非个例。事实上，有研究表明，在美国有 45%以上的儿童一生中至少经历过一类负性事件或创伤体验[1]。童年期不良经历是指那些会破坏儿童发展健康情绪和关系的能力的创伤性事件或生活状态。它包括任何形式的虐待、忽视、家庭暴力或家庭破裂(如离婚或失去家庭成员)，等等。同时，类似经济危机等国际重大事件也可能造成生活不稳定和经济压力，从而严重地影响儿童熟悉的日常生活常规(例如能否上学、能否获得生活必需品)以及与可信赖的同龄人和成年人之间的联系。如果不及时治疗或解决这些不良经历，就会对儿童的健康产生负面影响(例如增加吸毒成瘾的风险)，并极大地影响儿童未来的发展[2]。

创伤经历的定义

创伤(trauma)、童年期不良经历(adverse childhood experiences)和毒性压力(toxic stress)都是用来描述发展障碍或经历的术语。这些障碍或经历会影响儿童应对、成长和发展的能力。虽然这些经历在传统的观念里往往是独立发生的事件，但这些压力性事件和压力性氛围可能因具体情况和持续时长而有不同的特点(例如持续的财务问题、健康问题或心理问题)。每个人在经历这些事件时的具体体验取决于他们与生俱来的应对能力、支持网络和其他的环境因素。

	定　　义
创伤	美国物质滥用和精神健康服务管理局(The Substance Abuse and Mental Health Services Administration, SAMHSA)将创伤描述为"个人经历的对身体或情感有害，甚至危及生命的一次事件、一系列事件或一系列情景。并且这些经历会对个人的心理、身体、社会、情感或精神健康产生持久的不利影响[3]"。
童年期不良经历	美国疾病控制中心(The Center for Disease Control, CDC)将童年期不良经历描述为"儿童时期(0—17岁)发生的潜在创伤性事件，例如经历暴力、虐待或忽视，目睹家庭暴力，并有家庭成员企图自杀或自杀死亡。此外，还包括那些可能会破坏孩子的安全感、稳定性和联系感的环境因素，例如在孩子的家庭成长环境中，家人滥用药物或者有心理健康问题，由于父母分居或父母、兄弟姐妹以及其他家庭成员被监禁而导致的家庭环境不稳定"[4]。
毒性压力	毒性压力是指"在没有保护性关系的情况下，个体压力应激系统被长期激活"[5]，这样的经历会是"极端、持久和严重的"[6]。

对于需要应对曾经遭遇的逆境并且继续生活的儿童青少年来说，即使是日常生活中那些常见的事件，也可能被他们视为威胁。而这些"威胁"会导致他们激活自己的战斗、逃跑或冻结反应。这些反应可能以多种方式表现出来，有对小挫折立即做出反应的爆发性孩子，还有因担心安全而拒绝离开父母的充满恐惧的青少年。暴露于创伤、压力和痛苦会抑制儿童解决问题的能力，这使得"生存"成为了他们头脑中唯一的念头。

所以，我们能做些什么？没有任何形式的外力保护可以让我们像使用泡沫包装保护玻璃杯一样去保护孩子们，隔离他们过去的创伤经历。然而，如果孩子的社交情感能力得到发展和支持，他们就可以保护自己，并从逆境中复原。这样的社交情感技能包括建立关系、情绪调节、解决问题和赋能。为了从过去的创伤中复原，孩子们需要有机会与同龄人和成年人建立健康的关系，找到更容易控制情绪的方法，并发展有效的社交语言和自我表达技能。这正是本书可以提供的帮助：为孩子们提供培养强大的社交情感技能所需的工具，使他们能够克服这些不良经历带来的困难。

这是写给谁的书?

本手册专为致力于帮助儿童青少年摆脱困境继续生活的专业人士而设计。它适用的专业范围较为广泛，包括心理学家、咨询师、社会工作者、行为学专家、职业治疗师以及言语和语言病理学家。本手册中的一系列活动主要针对10岁及以上的儿童青少年而设计，引导他们在临床医生的指导和支持下表达自己的想法，帮助专业人士吸引儿童青少年的参与，利用他们与生俱来的能力，最终达到复原的目的。专业人士可以借助本手册，在帮助儿童青少年复原并积极成长的过程中发挥强大的作用。

这本书涵盖了哪些内容?

本手册旨在验证孩子们的经历，并引导他们走上通往成功的道路。基于创伤知情照护的基本原则——安全、信任、选择、协作和赋能[7]，本书提供的活动富有同理心，能为孩子们复原的过程提供支持。此外，早期发育过程中发生的不良或创伤事件会破坏孩子们的社会情感能力，本手册提供的一系列工具还可以用来训练和修复这些社会情感能力。临床医生和护理人员通过创伤知情的方式解决儿童青少年的逆境，可以促进他们的社会情感成长，并帮助他们重新建立安全感、常规感和联系感。

创伤知情方法的基本元素

- 重申安全
- 建立信任
- 培养同理心和同情心
- 探索经历、影响和恐惧
- 验证感受
- 教授个性化策略以支持自我调节和自我意识
- 制定解决问题的途径以确保成功
- 支持自我赋能

在接下来的章节中，你将找到一系列活动来帮助儿童青少年及其家庭重建/增强安全感和信任感、解决认知歪曲、培养健康的关系、学习健康的问题解决途径以及建立自我效能感。每项活动都从协作的角度，融合心理学以及言语和语言病理学的元素而设计。本手册中设计的活动主要包括以下几个部分：

儿童青少年活动及练习单：儿童青少年可以在章节活动现场完成或作为家庭作业完成的练习单。完成这些任务的过程可以使照顾者与他们的孩子一起回顾活动，以便他们能够深入了解并巩固新学到的技能。

照顾者活动和练习单：旨在让照顾者深入了解创伤知情方法，提供结构化的活动与孩子互动，并提供扩展活动以帮助孩子在家中练习相应的技能。其他活动旨在鼓励照顾者了解自身的期望，并帮助他们支持孩子积极地社会情感成长。

主题活动：供临床医生用于与儿童青少年及其照顾者开展活动。通常，这些活动需要临床洞察力，且本质上是结构化的，因此临床医生可以通过这些活动，引导服务对象了解那些具有挑战性的概念。

鉴于每一项固定的活动并不适合所有人，因此本手册包含各种不同的活动，以满足各类人群的需求。无论创伤的规模或影响范围如何，本手册都将帮助你解决这些创伤对孩子们的影响。尽管本手册的目的是支持儿童青少年发展社会情感技能，但它并不是一本治疗手册。相反，它的主要目的是促进对话、辅助治疗目标、培养能力、鼓励家庭内的训练，以及增强社会情感技能。

本书分为六个章节。每一章都提供了加强沟通、增强人际关系、促进自我调节和自我表达的工具：

第一章为认识创伤并继续前进。本章中的活动通过提供心理教育帮助儿童青少年和照顾者了解创伤、慢性压力和逆境的含义。服务对象将有机会解决自己的恐惧，开发工具来帮助自身表达需求，并集思广益了解如何在面对威胁性想法或事件时保障安全。本章还提供了一些工具来帮助服务对象明确创伤和压力对自身人际关系和社会情感功能的影响。本章中的活动旨在帮助他们：

- 了解典型的社会情感发展和障碍
- 掌握创伤和压力的定义
- 关注主观体验，而不是事件
- 寻找安全的方式来谈论个人经历
- 处理重要的记忆或事件

第二章为建立安全感的基础。许多人认为安全感和有保障是理所当然的，而并没有意识到安全感有多么重要。在拥有安全感的前提下，我们才能够从经历中增长知识、建立友谊和发展应对生活挑战的能力。那些经历过创伤的人是很难建立安全感的，因此他们需要一些有效的参数来引导他们建立“安全环境”。他们必须学会识别自己的情绪，并构建一个安全的区域，在这个区域中他们可以很好地反思自身的担忧、恐惧和对压力的反应。本章中的活动旨在帮助他们：

- 识别保护因素和风险因素
- 了解个人触发因素和对压力的反应
- 定义安全的社交圈
- 尽可能提高可预见性和常规性

第三章为建立信任和理解。本章探讨在关系中建立和维护信任的概念。为了与他人建立信任，孩子们必须有安全感和联系感。在处理关系时，他们必须在各种个人关系中找到目的，识别并设定界限，允许在关系中自身处于弱势的可能。探索这些想法可以使孩子们建立整体自我意识并培养自我控制感。此外，差异化的信任水平将帮助孩子们对周围的人建立明确的期望，这样他们就可以维持安全和信任的社交圈，让他们感到自己有能力蓬勃发展。本章中的活动旨在帮助他们：

- 讨论能引起自己信任的样貌和声音
- 建立一个由受信任的个人组成的支持性社交圈
- 接受"可以犯错误"这一事实
- 学会谦虚

第四章为从回顾到放松：自我调节策略。本章的重点是解决内心的战斗、逃跑或冻结反应，并增加孩子们对压力的耐受度。服务对象将有机会识别应对压力的无效反应，并培养管理情绪和身体反应的技能。这些活动将让服务对象、治疗师和照顾者一起展开识别对压力源的反应，确定健康的应对机制，并开发"锦囊妙计"来应对未来的挑战。本章中的活动旨在帮助他们：

- 以安全的方式管理强烈的情绪
- 探索并确定最有效的应对方法
- 识别生活中能支持应对策略的值得信赖的他人
- 脚踏实地，活在当下

第五章为打破坚冰：建立解决问题的途径。本章讨论儿童青少年在面临一系列问题时遇到的"冻结"时刻(例如"啊！我有一个问题！天要塌了！")。了解问题的范围、制订不同的应对方式以及能够确定任务的优先级是解决问题的重要组成部分。本章的活动包括单独的任务单、场景和图表，聚焦有效解决问题的方法。本章中的活动旨在帮助他们：

- 保持解决问题的冷静心态
- 理解和预测事件的可能结果
- 增强决策能力

- 学会应对日常生活的变化并尝试新事物

第六章为提高赋能和自我照顾的能力。长期生活在恐惧和担忧的状态中会影响孩子的自我概念。本章提供了几种促进赋能和自我照顾能力的工具。这些活动的重点是识别个人优势、建立自尊和帮助孩子们找到自己的声音。此外，本章还包括各种自我照顾活动，可以帮助儿童青少年和照顾者增进了解，取得一致，以更好地在生活中培养孩子们的身心健康。本章中的活动旨在帮助他们：

- 识别个人的优势和独特性
- 建立与他人沟通的信心
- 增强他们表达自身的能力
- 发展自我照顾、保持健康和维持复原力的策略

旅程开始啦！

现在是时候开启培养社会情感能力的旅程了。你们可能会根据儿童青少年的不同需求采取不同的路径，因此请根据临床决策和道德判断将这些活动整合到你的实践中。通过使用创伤知情的方法，你正在努力建立一个安全和信任的环境，你的服务对象可以在这样的环境中应对触发因素和挑战，并努力走向更健康的生活。

目　　录

第一章

认识创伤并继续前进

认识创伤

一切好的、坏的或是充满挑战的经历塑造了我们的生活。一般情况下，当生活“脱离剧本”发生混乱时，我们可以利用一些适当的支持帮助自身回归正轨。这些支持可以来自健康的家庭网络、支持性的朋友和成熟的应对技巧。然而，当生活中的这些混乱带来了重大的变化、产生了不确定感或导致了持续的压力时，它们就会成为创伤。创伤是一种主观的体验，个人对这些事件的反应比事件本身更重要。这是因为个人的反应决定了这些事件造成的破坏是否会对他们的生活产生更深层次的影响。

青少年和他们的照顾者通过参与接下来的活动，可以了解到社交情感技能的典型发展过程以及联系、信任、情感和自我调节的重要性。而后续的其他活动会帮助他们了解创伤和慢性压力的概念，以及创伤经历后可能带来的破坏或变化。这些活动可以帮助参与者理解个体对创伤的常见反应，并促进个人经历的分享。这些活动练习的目的是帮助参与者以一种安全、无威胁的方式分享、讨论各自的经历和体验。

照顾者练习单

社会-情感能力清单

生物因素和环境因素的联合影响塑造了孩子的信念。他们由此形成的对联系、安全和接受的信念推动着自身社会情感能力的发展。以下是对人生不同阶段的基本社会情感能力的简要总结。你能回忆起自己的孩子表现出这些技能的时间吗？请你阅读以下不同发展阶段的社会情感技能之后，完成以下的任务：

➢ 在显示信任或与他人联系的里程碑处做标记

➢ 在显示情感发展的里程碑处画圈

➢ 在显示自我意识或独立性的里程碑下画线

婴幼儿时期

- 识别面孔和模仿表情
- 通过照顾自己的人共同调节情绪
- 通过主要照顾自己的人的响应而感到安全
- 在幼儿时期学习并遵循简单的规则和习惯
- 在幼儿时期表现出独立(如厕、吃饭、穿衣)的迹象
- 在幼儿时期开始进行富有想象力的游戏

分享你回忆中孩子在这一时期的表现

____

____

____

学龄期

- 开始形成同伴群体
- 能够识别情绪并表达一定的感受
- 学会将行动与后果联系起来
- 开始独立解决问题
- 开始表达观点并表现出对他人的同理心
- 能够独立做出决定

分享你回忆中孩子在这一时期的表现

____

____

____

青少年时期及以后

- 开始有更多的自我意识
- 学习关键的解决问题的技巧
- 相比家人的支持，更加依赖朋友
- 发展独特的身份
- 参与目标设定
- 发展自我反思能力

分享你回忆中孩子在这一时期的表现

____

____

____

儿童青少年练习单

社会情感能力盾牌

请你想象社会情感的技能是一面又一面天然的盾牌，可以帮助你抵御日常生活中的困难，赋予你解决那些“大麻烦”的信心。每一面盾牌都是由那些可以帮助你处理感受，与他人联系，解决问题和树立自信的一系列技能组成的。请你将下列四个标签填在对应的盾牌上。然后，按照你的能力强弱给每一面盾牌涂上相应的颜色，越强的技能可以涂越深的颜色。

盾牌标签

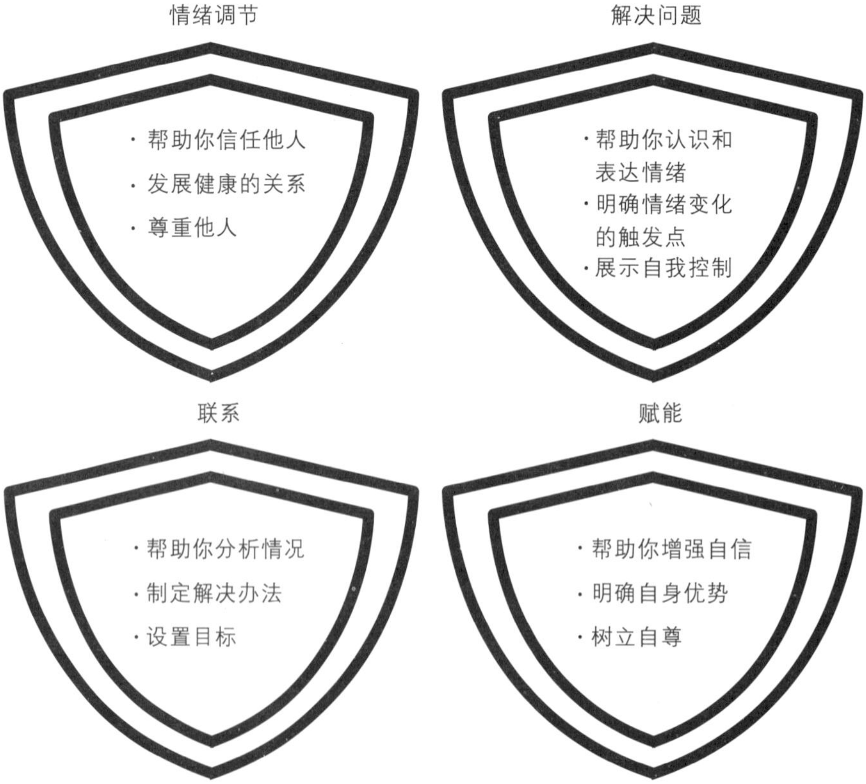

主题活动

有帮助的压力和有危害的压力

压力并不总是坏事。例如，有帮助的压力可以驱动我们更加努力地工作，更快速地奔跑，或者专注于一个项目并按时完成；某些时刻的压力可以促使我们应对日常挑战。但是，过度的压力会带来危害，因为它会使我们处于持续的战斗、逃跑或者冻结模式。当我们经历持续或长期的压力时，它会对我们的心理健康产生负面影响，并可能损害我们的身体健康。

有帮助的压力

- 提高你的注意力
- 帮助你处理日常事务
- 让你充满活力
- 帮助你将能力发挥到最佳状态

有危害的压力

- 让人难以集中注意力
- 使你感到“刺痛”或紧张
- 导致食欲与睡眠的改变
- 降低你对病原体的免疫力

以下是一些会带来压力的情况。圈出你认为会带来有帮助的压力的情况，划掉你认为会带来有危害的压力的情况。

- 搬入新房
- 在班级内发表演讲
- 遭受睡眠问题的困扰
- 居住在不安全的社区
- 登台表演
- 与患重病的照顾者一起生活
- 在学校被霸凌
- 不得不照顾兄弟姐妹

更多的思考：你在家中或学校如何对抗压力？你向谁寻求帮助？

____

____

____

照顾者和儿童青少年练习单

压力与大脑

压力是大脑对环境中各种危险的自然反应。当压力事件发生时，大脑会通过激活战斗、逃跑或冻结反应来作出应对。通过这样的方式，人可以释放与压力相关的激素，使身体处于高度警戒状态直到危险消失。

这样的情况会导致人的呼吸和心率加快，肌肉保持收缩，感觉变得敏锐。这样的变化有助于激发身体的能力并增强警觉性，然后通过正面迎敌(战斗)、远离危险(逃跑)或隐藏自身(冻结)三种方式来应对威胁。直到感知到危险消退时，身体才会逐渐恢复平静。

压力对每个人产生的影响不同。完成以下的表格，在对应的空格中描述你感到低等程度、中等程度、高等程度压力的时刻，并描述你的身体在面临不同压力水平时的不同感受。这个表格可以由你独自完成，也可以和你的照顾者一起完成。通过这个活动，可以帮助我们了解不同程度的压力对我们有什么样的影响。

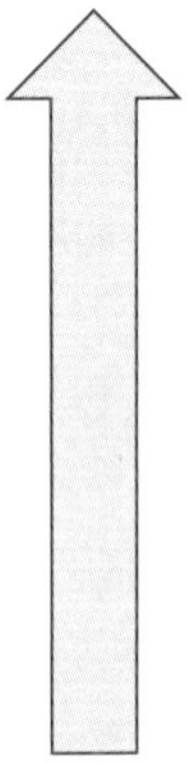

	请列举让你感受到压力的事件	面对这样的压力时，你的身体有些什么样的感觉？(例如：心跳、呼吸、肌肉、思维等方面的感受)
高等程度		
中等程度		
低等程度		

主题活动

控制生活中的压力源

短暂但影响深远的事件，例如经历过车祸或在摧毁了城镇的飓风灾难中幸存下来，可能会导致你的生活在突然的变化中失去控制。其他不受控制的长期事件也会严重干扰社会情感能力的发展。例如父母离婚、失去爱人、工作调动或持续的严重情况（如被忽视或被寄养）都是长期事件的典型例子。请查阅下表中所列出的压力事件的示例，并标记这些压力事件是在你可控制的范围内还是超出了你的控制范围。然后，把对你来说有问题的事件涂上阴影。

可控	不可控	生活压力事件
		经历自然灾害
		与患有疾病（身体的或心理的）的家庭成员同住
		由于父母换了工作而搬家，你需要结交新的朋友
		经历了家庭成员去世
		为了学校里即将到来的考试做准备
		父母之一被调动
		当你需要帮助时，向成年人寻求帮助
		补充你自己的例子：
		补充你自己的例子：

儿童青少年练习单

识别创伤及逆境

破坏性的生活事件可能是严重而具有毁灭性的，但不一定都会带来创伤。无论这些事件是短暂的还是持续的，只有在人们从这些事件中感受到了痛苦的创伤时，它们才被视为创伤性的事件。也就是说，创伤是一种主观体验，因为它们是每个人个性化的感受。当人们直接经历破坏性事件或者成为此类事件的目击者时都可能遭受创伤。这项练习将帮助你识别可能带来创伤的各种类型的事件，以及了解这些事件是否会导致短暂或持续的破坏。

第 1 步：在下面的方框中，列举可能对你的个人、家庭和社区造成不利、带来创伤或导致严重压力的事件。你可以根据自己的经历或使用下面提供的范例来填写。

示例：居住的社区发生抢劫、照顾者去世、患有慢性病、目睹猛烈的龙卷风、无家可归、父母之一失业、成为冷暴力或虐待的受害者，或生活在不安全的地方。

个人事件	家庭事件	社区事件

第 2 步：以下事件的影响对你是短暂的、持续的还是二者兼有？请标出来。

____________亲身经历一场车祸

____________患有严重的、病程较长的疾病

____________失去照顾者

____________经历一场飓风

____________目击了社区中的犯罪事件

____________处于贫困生活中

主题活动

短时压力 vs. 长期压力

一部分破坏性的经历可能会给人们带来暂时的痛苦和压力，而一部分经历的持续则会给人们带来长期的压力。当生活事件导致的压力水平属于低等程度到中等程度时，虽然具有挑战性但影响是暂时的，它们就属于可控的。然而，如果这些生活事件导致重大或持续的生活改变并带来更高水平的压力，它们就会成为问题。众所周知，过度的压力是有害的。沉重或持续的压力会改变日常生活的方方面面。在这项活动中，你将思考压力如何影响着你的身心健康。

第一部分：下面的两个画框代表了你的头脑，你可以在画框中有创意地绘制你的思想。请在左侧的画框里，绘制出代表着你处于平静、低压力状态时的脑中的思想；在右侧的画框里，绘制出代表着你处于非常紧张的状态时脑中的想法。

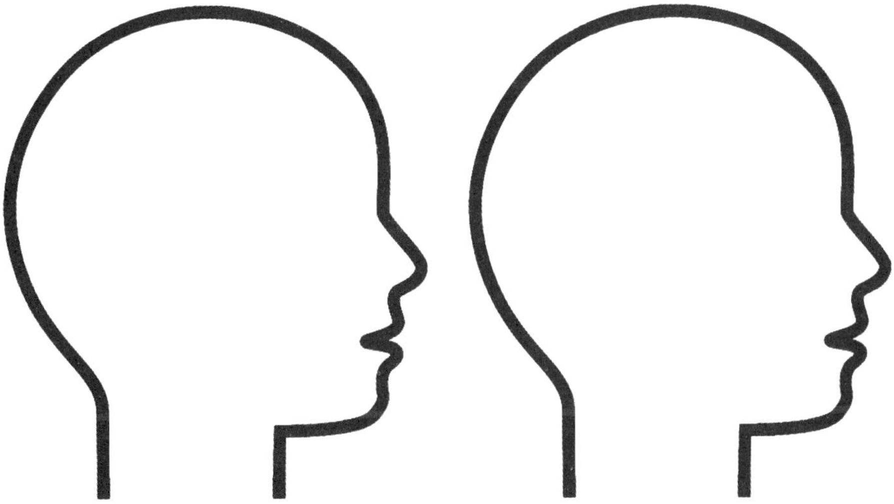

第二部分：高水平的压力是如何影响了你的身体、精神和情绪的？与你信任的成人或者医务人员一起，梳理并探讨压力是如何在以下几个方面影响着你的。

	短期压力	长期压力
生理健康 (饮食，睡眠，健康，运动)		
心理健康 (情绪，适应改变的能力，表达情绪的能力)		
人际关系 (信任，你与他人的交往，你与他人交往的频率)		
解决问题的技巧 (预测可能发生的事件的能力，决策能力)		
自我概念 (自我信念，自我形象，自信)		

创建对话

由于与情绪相关的记忆造成的压力，孩子们回忆或解释情绪记忆会有一定的困难，并且这些回忆也难以按照时间先后次序呈现。以下活动可用于帮助孩子们逐渐开始谈论他们所经历的生活事件——好的和不那么好的时光，创伤性的与非创伤性的。活动的起始阶段，我们可以帮助孩子们创建一个广泛的情感词汇库，而随后的活动则侧重于识别重要的回忆并对这些事件按照时间先后排序。孩子们可以通过创建一个时间轴来展示过去直到现在所发生的生活事件，然后创建另一个通向未来的时间轴来展示他们的个人优势和目标。

儿童青少年练习单

平静的词云

当充满情绪或压力时，你可能很难找到合适的词汇来描述和表达自己。虽然有时用一些简单的词语来描述感受更容易，比如“不错”“还行”或“很好”，但是这些词缺乏足够的信息量，无法描述内心的真实情况。相比之下，“放松”“平静”或“安静”这类词语则有助于更清晰地描绘出你的感受。为了帮助你积累一些描述不同情绪的单词，我们可以通过这项活动创建一个属于你的词语云。请使用对于你来说可以描述平静的词语、地点、感受或人物来填充下面的云朵。你可以使用图画、颜色或图形(如圆点或条纹)来表达自己。

儿童青少年练习单

词语风暴

现在，你已经找出了与平静的状态相关的各种词语。接下来请你集思广益，收集一些让你会联想到压力、恐惧或者困扰的词语。尽量思索，将你能想到的任何与压力、恐惧或者困扰的经历相关的词语填写在下面的形状中用来表达自己的感受。

主题活动

回忆与感受

通过梳理回忆，可以更好地讲述我们的经历。像第一次参加棒球比赛或者是和喜欢的亲人一起烘焙这样的特殊美好记忆会带来温馨的感受，唤起你与他人的联系。相对地，也有一些回忆会让你感觉到不开心或者不舒适。这一类回忆和美好回忆一样重要，但是让人难以启齿，不想谈论它们。在本次活动中，想一想哪些回忆可以帮助你讲述自己的故事。让我们从列出你最喜爱的回忆开始，在下面空白处描述你的回忆，或者写下能帮助你描述当时发生了什么的关键词。从上往下逐个列出你的回忆时，请将那些更加艰难或者难过的回忆写在列表的最后。这些回忆也非常重要！当你初步完成了下面的列表，请回过头来为每一段回忆增加细节，比如事件发生的时间、地点以及当时都有谁在场。

1. ____
____

2. ____
____

3. ____
____

4. ____
____

5. ____
____

儿童青少年练习单

第一部分：从前与现在

人际关系、家庭生活事件、美好回忆和其他难以告诉他人的事件都会影响我们的生活。在下面的空白处，通过绘画或文字描述那些可以讲述你的故事的重要事件。你记忆中有哪些重要的事件或者生活的改变？你可以参考下面的分类，在每个分类下的图标内写出你的重要回忆，你也可以继续添加新的内容。

重要的个人或家庭生活事件(例如：出生，结婚，离异，搬家，就业)

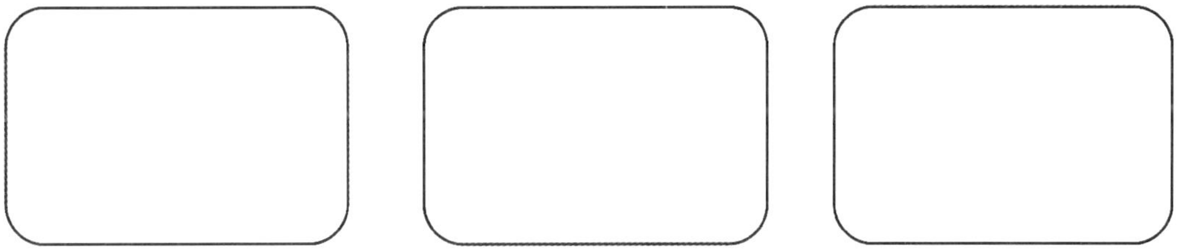

特殊或重要的人际关系(例如：家庭成员，朋友，邻居，教练)

悲伤的事件(例如：重要的人离世，个人生活事件，家庭生活事件)

带来改变的生活事件（例如：搬家，转学，家庭发展周期的改变）

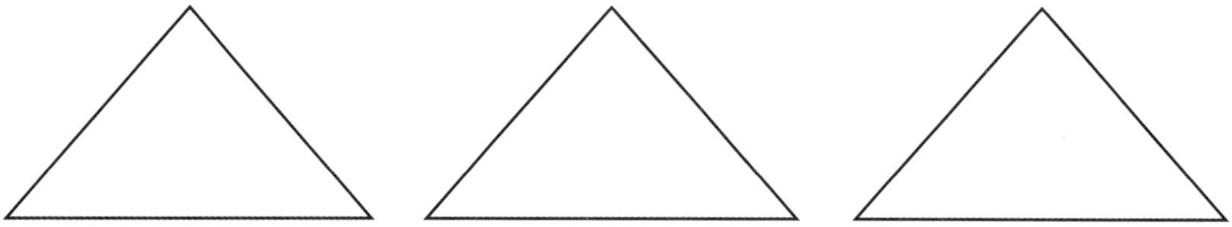

美好的时光（例如：美好的回忆或经历）

儿童青少年练习单

从前与现在的时间轴

当你完成了每个形状框的填写，请你按照时间轴的顺序将你的每一个图标排序。你可以使用下面提供的时间轴，也可以自己在更大的白纸上画一个时间轴。按照时间顺序讲述甚至回忆自己的经历是很困难的，而时间轴则可以用可视化的方式按照顺序呈现出你的生活事件、情感回忆和人际关系。记得在时间轴上列出的事件中要包括出生、家庭生活事件、个人生活事件甚至是朋友的生活事件。

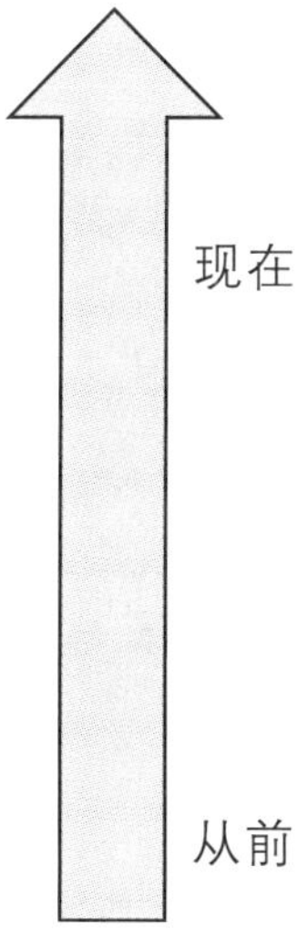

儿童青少年练习单

第二部分：现在与未来

你已经完成了关于过去的时间轴，接下来让我们展望未来。想一想你期待的未来生活是什么样的。在畅想未来的时候，你有什么样的愿景？哪些支持性的人际关系可以帮助你实现自己的梦想或愿望？你拥有哪些优势可以帮助你达成自己的目标？

个人优势(例如：学习科目的优势，解决问题的技巧，耐心，能成为一个很好的朋友)

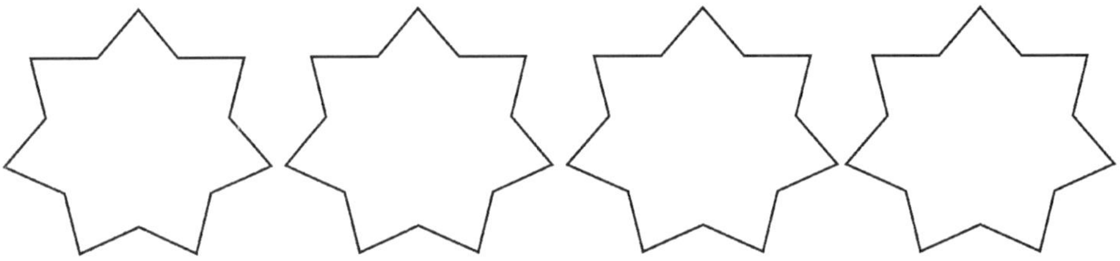

个人愿景（例如：你希望能在短期内或者较长远的时期内完成的事）

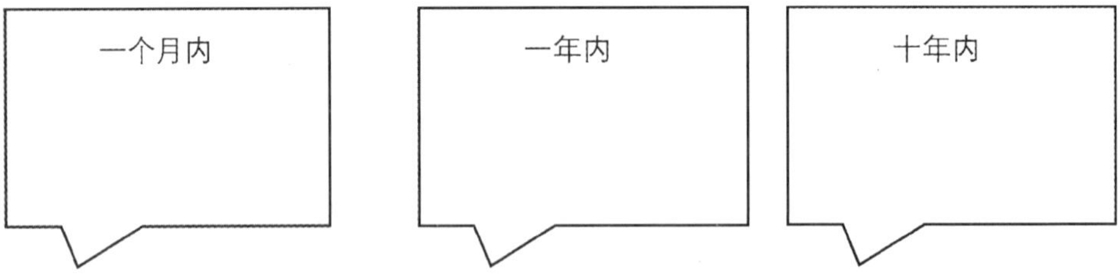

支持性的人际关系（例如：重要的家人，朋友，照顾者）

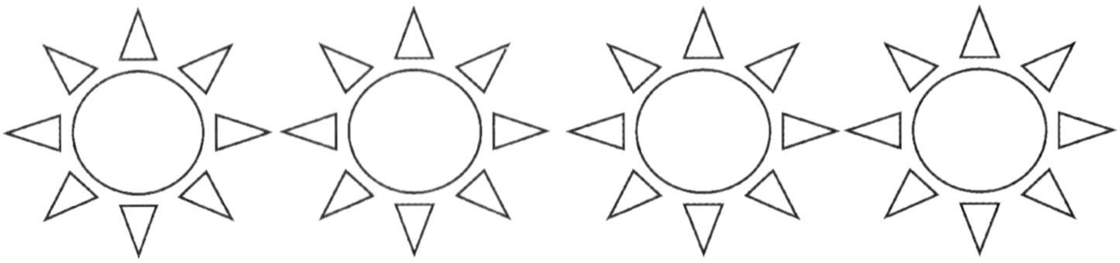

儿童青少年练习单

现在与未来的时间轴

可能现在你正在经历一些困难时期，但你的人生故事才刚刚开始。仔细想一想，你希望自己的未来是什么样子的，你有什么目标和梦想。将你的“现在和以后”图标放在下面的时间轴上，或者在一张更大的纸上制作你自己的时间轴。

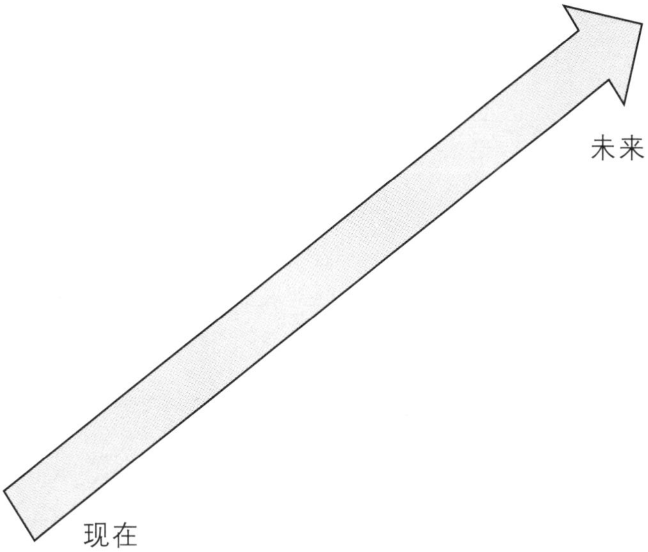

主题活动

发生了什么？

寻找合适的词语来描述令人痛苦的事件可能是很有挑战性的。这个临床医生使用的工具可以在辅导谈话中给予一些帮助，因为它提供了视觉辅助来指导对话使得青少年能更轻松地分享他们的观点。当对话有限制或有困难时，可以鼓励青少年使用这里的量表来表达他们的经历。

发生了什么事？描述那些令你痛心的事件：

事件持续的时间有多久？

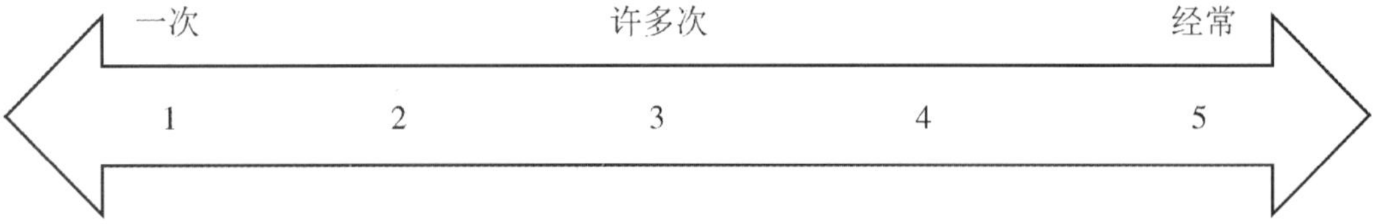

在事件发生之前，你收到了多少相关的通知？

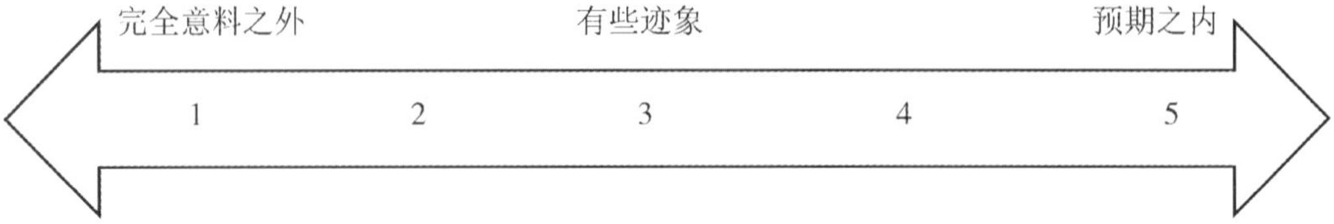

事件造成了多大程度的个人压力？

无压力　　一些压力　　非常大的压力

1　2　3　4　5

这件事给家庭带来了多大程度的压力？

无压力　　一些压力　　非常大的压力

1　2　3　4　5

事件带来了多大程度的变化？

无变化　　一些变化　　许多变化

1　2　3　4　5

主题活动

是什么干扰了我？

如果孩子们很难找到合适的词语来描述困扰他们的事情，你可以使用此处的量表帮助他们描述他们的经历。首先，要求孩子们写下困扰他们的事情。如果很难描述这些事件，那么使用下面的问答题来了解他们对问题的感受。

我的困扰：

你的困扰有多大？

没问题	小问题	不确定	大问题	巨大的问题
1	2	3	4	5

你的困扰有多急迫？

不急迫	可以缓缓	不确定	我亟待帮助	非常紧急
1	2	3	4	5

这困扰带给你什么样的感受？

很舒适	舒适	还行	不舒适	非常不舒适
1	2	3	4	5

你感觉安全吗？

很安全	安全	还行	不安全	非常不安全
1	2	3	4	5

儿童青少年练习单

用自己的语言描述

不幸的是，令人不安或困扰的事件可能成为生活故事的一部分。请在感觉舒适的范围内尽可能详细地描述发生在你身上的事情。你可以通过回答以下问题来帮助自己更加详细地描述自己的体验。在完成以后，与你的临床医生或值得信赖的成年人分享你的故事。

发生了什么？

____

____

____

____

____

____

____

什么时候发生的？

今天

昨天

一个月以前

一年前

其他时间________________

你的感受是怎样的？

沮丧　害怕　悲伤　羞愧　担忧　受伤害

尴尬　孤独　焦虑　不安　其他的感受________

哪些情绪是可控的？

____

____

____

有没有被压垮的感觉？

____

____

____

有人帮助了你吗？

照顾者　学校

兄弟姐妹　警察

亲戚　其他________

朋友

你现在对这样的事件的感受：

我可以处理这件事　我需要帮助　我非常需要帮助

继续前行

在本小节中，孩子们和照顾者将共同确定社交情感发展和恢复的领域。这些活动旨在帮助儿童发现容易被他人忽视的感受，为照顾者提供一种表达他们担忧的方式，并为孩子们和照顾者提供反思社会情感发展领域的机会。此外，还有一些设定目标的活动可用于帮助指导和瞄准具体的发展领域，例如建立信任、管理情绪、解决问题和赋能。

照顾者练习单

战斗，逃跑或冻结感受

了解行为和症状如何影响孩子的表现是解决问题和培养技能的第一步。这项活动将帮助你确定应该关注的领域，并帮助和指导你进一步规划孩子的社交情感发展。

你的孩子表现出的主要行为或症状是什么？你可以写下具体的情况，或从提供的图表中选择：

____

____

____

____

战斗的例子	逃跑的例子	冻结的例子
• 争论	• 回避他人	• 撤销
• 浮躁	• 焦躁不安	• 麻木
• 挑衅	• 难以专注	• 不专心
• 难以专注	• 害怕	• 担心
• 缺乏自我控制	• 担心	• 难以改变
• 激动	• 忐忑	• 强迫
• 快速反应	• 杂乱无章	• 无反应

这些行为可能实际上是在说：

- 我认为这种情况或这个人是一种威胁。
- 我没有安全感。
- 我不确定我能否信任你。
- 我的情绪很危险。
- 我担心会发生什么。
- 我无法解决这个问题。
- 其他人不明白我正在经历什么。

在你的孩子表现出有困难的方面打“×”。

	在家中	在学校	在其他地方：________
有安全感			
发展信任			
调节情绪			
解决问题			
自我信念			

儿童青少年练习单

我的感受像冰山

人们通过外在表现看到的并不总是能与内心的体验相匹配。人们可能会注意到你的行为方式，你的身体反应(流泪、大笑或大喊大叫)，或者你与他人的互动(与他人互动频繁还是完全不互动)。但这些外在表现之下究竟发生了什么？事件、环境或其他隐藏的问题会让你感觉到威胁并开启生存模式(即处于战斗、逃跑或冻结的状态)。使用以下的指南开始讨论生活中的哪些因素会导致你的压力，这些压力发生在哪里以及你有些什么样的感受。

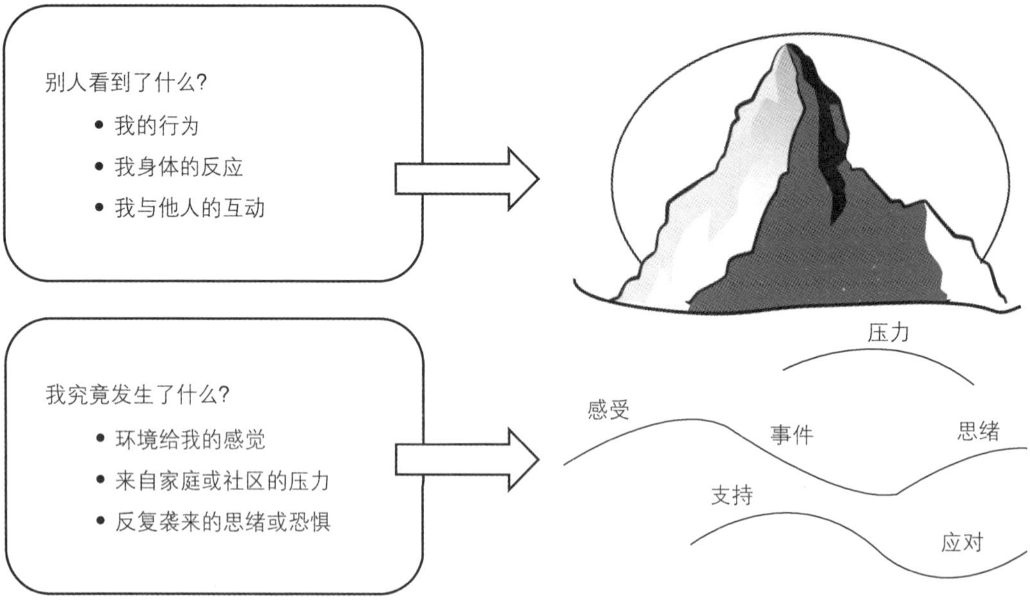

你在以下哪个方面有困难？圈出你遇到的问题，包括其他人可以看到和看不到的问题。

战斗的例子	逃跑的例子	冻结的例子
• 与同龄人或成年人争吵 • 感受被边缘化 • 容易激动 • 反应过快 • 过度关注周围环境（例如，噪音、人） • 其他：______________ • 其他：______________	• 回避他人 • 感到不安 • 感觉注意力不集中 • 感到害怕 • 感到担心 • 感觉杂乱无章 • 其他：______________ • 其他：______________	• 感觉麻木 • 注意力不集中 • 缺乏动力 • 感觉受到限制 • 反复出现思绪或恐惧 • 其他：______________ • 其他：______________

这些问题发生在什么场所？

□在家　　　□在学校　　　□其他：__________

照顾者练习单

判断孩子是否准备好参加活动

本书中的许多活动都需要孩子和值得他们信赖的成年人(无论是照顾者还是临床医生)共同参与。采取创伤知情的方法要求必须等到每个人都在身体和精神上准备好参与活动时才能开始互动。在考虑是否要学习新的应对技巧、讨论学校发生的事件或解决重要问题时，有必要考虑真正准备好了的情况是什么样的。使用以下清单，评估你孩子的面部表情、肢体语言和话语，以确定他们是否准备好开始讨论。

孩子的准备程度	准备好开始谈话了吗?
孩子的面部表情看起来怎样? □注视着我 □平静 □没有紧张 □微笑/中性的表情 □其他：__________	□是的 □没有
孩子的肢体语言表达? □放松，无紧张 □平静地坐着或站着，没有踱来踱去 □手脚平静地放着(没有手脚不宁) □其他：__________	□是的 □没有
孩子的话语听起来怎么样? □正常的音量(没有大喊大叫) □易于理解(没有语速过快) □语调平静，语言投入，语意合理 □其他：__________	□是的 □没有

照顾者练习单

判断照顾者是否准备好参加活动

评估自身是否准备好进行创伤知情对话与评估你的孩子是否愿意这样做是同等重要的。在你评估完孩子的准备程度后，请评估你自己的面部表情、肢体语言和话语。评估你与孩子开展一次积极对话的情绪准备程度。

照顾者的准备程度	准备好开始谈话了吗?
你的面部表情怎样? □平静 □没有紧张 □微笑/中性的表情 □其他：＿＿＿＿＿＿	□是的 □没有
你的肢体语言怎样? □无紧张 □平静地坐着或站着 □手脚平静地放着(没有手脚不宁) □其他：＿＿＿＿＿＿	□是的 □没有
你的话语听起来怎样? □正常的音量(没有大喊大叫) □易于理解(没有语速过快) □语调平静，语言投入，语意合理 □其他：＿＿＿＿＿＿	□是的 □没有
你是否准备好与你的孩子展开一场积极的对话?	□是的 □没有

照顾者练习单

社会情感技能调查清单

你可以使用此清单来了解孩子的优势和弱势。这项调查的每一个项目没有正确或错误的答案，都是以从1(容易)到5(非常难)的等级对每个项目进行评分。最后，本次调查的评分可以用来指导本节中的目标设定。

发展信任：你的孩子在处理……时，表现如何?	容易——→非常难				
与他人联系	1	2	3	4	5
与同伴交朋友	1	2	3	4	5
维持友谊	1	2	3	4	5
理解他人	1	2	3	4	5
管理感受：你的孩子在处理……时，表现如何?	容易——→非常难				
识别自身的感受	1	2	3	4	5
管理剧烈的情绪	1	2	3	4	5
明确有帮助的应对技巧	1	2	3	4	5
使用有帮助的应对技巧	1	2	3	4	5
解决问题：你的孩子在处理……时，表现如何?	容易——→非常难				
自行解决有挑战性的问题	1	2	3	4	5
明确或找到解决问题的方法	1	2	3	4	5
有困境时会寻求帮助	1	2	3	4	5
冒险并尝试新事物	1	2	3	4	5
赋能：你的孩子在处理……时，表现如何?	容易——→非常难				
明确个人优势	1	2	3	4	5
站在别人的角度出发	1	2	3	4	5
表达自己的看法	1	2	3	4	5
照顾自己的身心	1	2	3	4	5

临床医生使用注意事项：你可以使用评分作为信息来源来选择特定的方面或活动来促进工作对象的社会情感发展。

儿童青少年练习单

社会情感技能调查清单

让你的声音被听到！明确自身的独特优势和挑战是非常重要的。优势是你感到自信的领域，挑战是你需要改进的领域。你可以按照从1（容易）到5（非常难）这五个等级对以下每个项目进行评分。

信任与安全感：你处理……的难易程度是?	容易——→非常难				
信任他人	1	2	3	4	5
与同伴交朋友	1	2	3	4	5
维持友谊	1	2	3	4	5
与他人保持界限	1	2	3	4	5
管理感受：你处理……的难易程度是?	容易——→非常难				
识别自身的感受	1	2	3	4	5
管理剧烈的情绪	1	2	3	4	5
明确有利的应对技巧	1	2	3	4	5
使用积极的有帮助的应对技巧（例如：寻求帮助而不是低头沮丧）	1	2	3	4	5
解决问题：你处理……的难易程度是?	容易——→非常难				
坚持并解决有挑战性的问题	1	2	3	4	5
明确或找到解决问题的方法	1	2	3	4	5
遇到困境时会寻求帮助	1	2	3	4	5
尝试新事物	1	2	3	4	5
赋能：你处理……的难易程度是?	容易——→非常难				
考虑他人的感受	1	2	3	4	5
反思自己的能力	1	2	3	4	5
表达自己的看法	1	2	3	4	5
照顾自己的身心	1	2	3	4	5

第二章

建立安全感的基础

保护因素和风险因素

我们的日常生活受到保护性因素和风险因素的影响，这些因素使我们更容易或更难以处理压力问题。保护性因素可以对压力的影响起到缓冲的作用，引导我们积极正面地解决问题，例如相信自己或有一个积极的榜样。相反，风险因素，例如缺乏积极的榜样、不健康的应对技巧和支持减少，都会对我们做出健康决策的能力产生负面影响。个人层面、家庭或关系层面以及社区层面都存在保护因素和风险因素。以下活动旨在帮助孩子认识和平衡这些独特的因素。

儿童青少年练习单

构建保护性因素

保护性因素增强了一个人处理日常压力和应对重大生活挑战的能力。这些保护性因素包括个人、同伴、家庭和社区因素，它们像蜂巢里的蜜蜂一样协同工作，形成积极的缓冲。在此次活动中，使用提供的例子，通过填写保护性因素来完成蜂巢。你也可以思考，将你自己的例子填写在下面，使蜂巢更加坚固。

保护性因素的例子：

- 健康的同伴群体
- 支持我的父母
- 能够结交朋友
- 能够解决问题
- 积极的自尊心
- 受学校欢迎
- 在学校加入社团
- 健康的饮食习惯
- 加入运动队
- 安全的生活环境
- 友好的邻里
- 能够应对变化

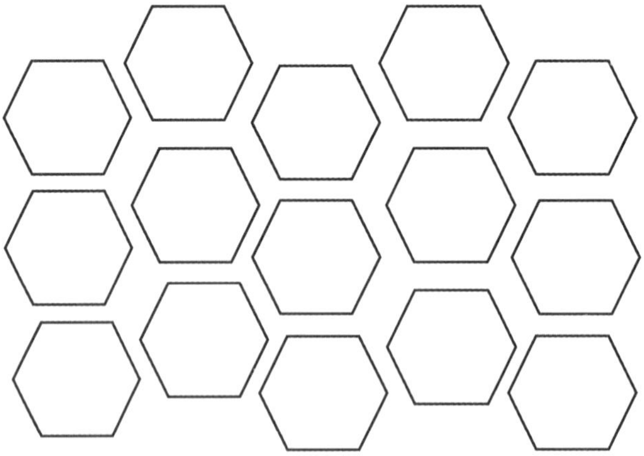

儿童青少年练习单

保护泡泡

嘿，保护因素专家！既然你可以定义和识别保护性因素，那么是时候探索你自己的保护因素了。当你遇到困难时，你的保护性“泡泡”中有什么能让你保持活力吗？在你的个人、家庭和社区的各种因素中，是什么让你保持专注并朝着积极的方向前进？你有什么内在能力可以让你变得强大？你是否灵活、乐于助人、关心他人？什么是你重要的关系呢？当你需要建议、支持或帮助时，你会去找谁？最后，你所在的学校或社区有什么独特之处可以让你保持联系？在下面提供的泡泡中加入你自己的保护因素。

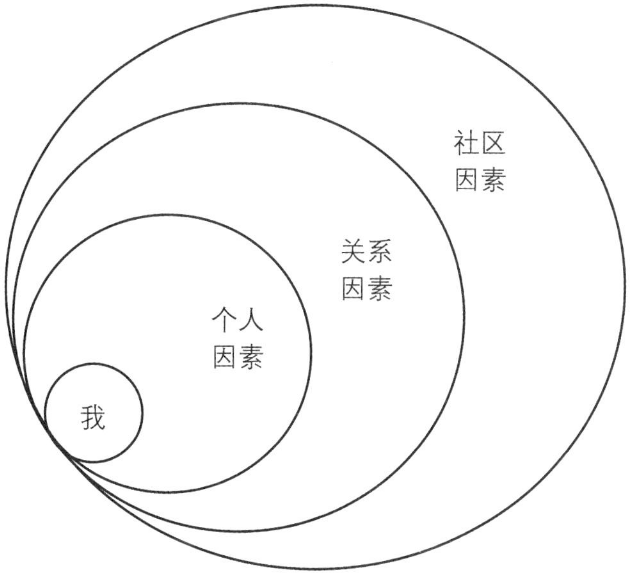

后续思考：

你的个人因素、人际关系以及与社区的联系如何帮助你成为最好的自己？

儿童青少年练习单

什么是风险?

如果把风险看作你生活中存在的挑战，那么有哪些因素使你的生活更具挑战性？在这个活动中，请你使用视觉、听觉和触觉所感受到的内容来定义自己的风险。然后，试着用文字或图片来表达风险对于你来说意味着什么。在活动的最后，请阅读提供的示例，将其标记为个人风险、家庭风险或社区风险。通过这样练习，你可以学会如何识别风险。

第一步：定义风险

风险看起来像____________________

风险听起来像____________________

风险感觉就像____________________

风险是____________________

第二步：扩充词汇量

列出三个类似“风险”（同义词）的词，或者画出你眼中的风险。

第三步：识别个人、家庭和社区风险

在提供的示例中，用圆圈出个人风险因素，用方框框出家庭风险因素，用直线划掉社区风险因素。

- 焦虑
- 学习成绩不佳
- 放养型父母
- 父母离异
- 违反规则的同伴
- 有健康问题
- 家长患抑郁症
- 感到孤独
- 交友困难
- 邻里争吵
- 经常换住所
- 被同龄人欺负

儿童青少年练习单

检查风险

无论是个人因素(如不健康的习惯或焦虑)还是社区因素(如不安全的社区或缺乏资源),生活中总是充满了风险。虽然每个人都会经历风险,但是多重风险会增加个体养成不健康习惯或采取危险行为的机会。你可以使用以下问题来识别自己的个人、家庭和社区风险。识别和确认不健康风险因素可以为你打开一扇门,让你以健康的支持因素取代这些风险因素。

你个人最大的风险是什么?

____

____

你最大的家庭或关系风险是什么?

____

____

你最大的社区风险是什么?

____

____

你能做些什么来降低风险?

____

____

谁能帮助你降低风险?

____

____

主题活动

权衡资本和风险

你可以利用这个活动来思考和辨别自己的保护性资本和风险因素。首先，列出所有能为你提供保护的个人、家庭和社区因素。然后，确定可能给你的生活带来风险的个人、家庭或社区因素。与你的临床医生、你信赖的成年人或家庭成员讨论你的清单。圈出对你最有帮助的保护性资本，并确定你希望减少或改善的风险因素。

	保护性资本	风险因素
个人因素	• • • • •	• • • • •
家庭关系因素	• • • • •	• • • • •
社区因素	• • • • •	• • • • •

识别触发点

当人们面临让他们感到不舒适甚至感到心烦意乱的情况时，很容易慌忙地得出结论或预测最坏的结果。在这种情况下，大脑会立即因为觉察到危险而激活战斗、逃跑或冻结反应，直到个体再次感到安全。但是，并非生活中所有的挑战或担忧都会对个人的安全构成威胁。事实上，我们遇到的大多数挑战都能够通过正确的心态或方法得到解决。在本节中，孩子们将学习如何识别和驾驭他们个人的触发因素，例如让他们感到不舒服的记忆或情况。对一个孩子有影响的事情可能对另一个孩子并没有影响，因此帮助孩子了解他们的个人触发因素有利于指导他们使用有效果的应对技巧来控制局面。

儿童青少年练习单

威胁、念头还是挑战？

当感到有压力时，我们很难判断此时遭遇的是威胁还是挑战，抑或仅仅是一个念头。于是，在有机会冷静地分析状况之前，我们的身体和大脑往往会迅速进入“求生模式”。这种将挑战视为威胁的行为会让我们躲避他人，阻止我们尝试新事物，并阻碍我们做出明智的决定。在这项活动中，你将会学习到通过明晰威胁、挑战和念头的定义或创建自己的定义来区分这三者。然后，你可以寻找或创造一个图片来提醒你每个概念的定义。最后，你将通过识别威胁、挑战和念头的示例来检验你的知识。

定义	图片提醒
威胁：	
挑战：	
念头：	

在下列陈述中，圈出念头，划掉可能是威胁的情况，并在挑战旁边加一个星号。

1. 我永远做不到！
2. 一只老虎正向我跑过来！
3. 我将要搬到一所新学校。
4. 一个陌生人正在敲我的门。
5. 龙卷风警报。
6. 我永远不会参加足球选拔赛了，每个人都比我强。
7. 计算机课上我一个人也不认识。
8. 我不得不在一大群人面前做报告。
9. 交朋友不容易，他们只会让我失望。

儿童青少年练习单

关于担忧的工作坊

担忧通常是我们对自己或他人的消极想法或预期。它包括了想象中最坏的结果以及对自己产生的消极信念。这样的担忧或“假设”会增加身体压力，阻止我们尝试新事物或与他人进行互动，或者是分散我们对日常活动的注意力。你可以利用这个活动来明确自己眼下或过去的担忧。然后，通过集体讨论明确一个安全依靠(这可以是一个有益的项目、活动、人或地点)，以帮助你在出现担忧时感到踏实安稳。最后，用一种积极的想法来代替担忧，让你在担忧时可以对自己说“我能应付”。

示例：

担忧：我担心在黑暗中睡觉。如果我看不见，我会感到不安全。

安全依靠：在睡觉前，我会读一个故事让我的思绪平静下来。我也会用一个小夜灯，这样房间就不会那么暗了。

积极的想法或说法：明天将会是美好的一天。

示例：

我的担忧：______________________________

____

安全依靠：______________________________

____

积极的想法或说法：______________________________

____

示例：

我的担忧：______________________________

____

安全依靠：______________________________

____

积极的想法或说法：______________________________

____

主题活动

是什么激起了你的恐惧?

当面对一个激起你恐惧的情境时，你会如何作出反应？你是选择战斗、逃跑还是冻结？在你的临床医生的帮助下，明确什么类型的事件会激起你的恐惧，描述你的身体通常会如何反应，并讨论你如何知晓威胁消除的时刻。这项活动最好在一个平静、安全的环境中进行。将下面的表格保存下来作为参考，使你在后续的活动中可以很容易地明确自己恐惧的触发因素。更为重要的是这张表可以帮助你确定重新获得控制感的策略。

	战斗 	逃跑 	冻结 
哪些“危险”事件会让你选择战斗、逃跑或冻结的反应?			
当这种情况发生时，你的身体看起来有什么表现?感觉如何?			
你怎么知道情况又变安全了呢?			

主题活动

情绪的诱因或提醒物

每个人情绪的诱因都是独一无二的。当你感到不安全时，某些声音、气味或地点都可能唤起你对痛苦时刻的记忆，引发相应的情绪。当你遇到这些诱因时，你的大脑会感知到危险并进入求生模式。与你信赖的成年人或临床医生一起完成这个活动，确定你自己的情绪触发点。同时，通过这项活动学习可以帮助你保持安全感的应对技巧。

什么类型的提醒物或诱因会引发你不舒服或不安全的感觉？

声音（例如，大声的说话声、刺耳的汽车刹车声、摔门声）

____

____

人（例如，陌生人、个人的某些特征）

____

____

地点（例如，特定地点或令你感到不舒服的地点特征）

____

____

动作（例如，意外地被人拍了一下肩膀）

____

____

其他诱因

____

____

当我遇到一种情绪触发因素时，我的典型反应是：

__________战斗

__________逃跑

__________冻结

__________以上皆是

我的身体的感觉：____

我的大脑的感觉：____

在下面的框内用文字或绘画描述你的反应：

儿童青少年练习单

识别诱因、情绪和反应

使用以下表格帮助自己探索你个人的战斗、逃跑或冻结反应。首先，用文字或绘画描述出你处于平静时的状态，具体包括你感受到的情绪、你产生的想法，以及你身体的感觉。然后，探索你在战斗、逃跑或冻结的状态下作出的反应。注意这些不同状态下想法和感觉的差异。

	平静状态	战斗	逃跑	冻结
时间				
情绪				
想法				
身体				

建立安全感

安全感是个人茁壮成长的基本生活需要。当孩子们处于安全和受保护的环境中，他们对照顾自己的人和自己的日常生活都会非常熟悉，从而对自己所面临的生活有很好的预测感。例如，大多数孩子不会担心谁会在公交车站接自己，因为那里每天总会有熟悉的照顾者在。放学后的日常活动也已经计划充分，因此孩子们只需要"顺其自然"即可。相比之下，经历过创伤的孩子可能会担心自己的人身安全，缺乏持续的情感支持，或在日常生活中总有很强烈的不确定感。照顾者和临床医生可以通过采取以下的方式来帮助孩子们重新建立安全感，例如，帮助他们了解与安全感相关的概念，理解破坏安全感的诱因，并学习以健康的方式解决这些让孩子们感到不安的念头。照顾者也可以通过建立和遵循能够预测的日常活动，为孩子提供安全感的保障。

儿童青少年练习单

安全感金字塔

虽然金字塔不是一天建成的，但是我们可以在一天之内建设你的“安全感金字塔”。在这个活动中，你可以使用不同的颜色来表示不同程度的安全感。在金字塔的底部描述你觉得最安全的地方。你可以这样写：“我觉得和爸爸妈妈在家里玩游戏最安全。”当你向金字塔的更高处移动时，你可能会写：“我在一个远离家人的新地方感到紧张。”每个人的经历都是独一无二的，但重要的是能够表达出可以安慰你的元素，并识别出降低安全感的诱因。

哎呀！我感觉我不安全！

呃……我不确定这里安全！

安然无恙！

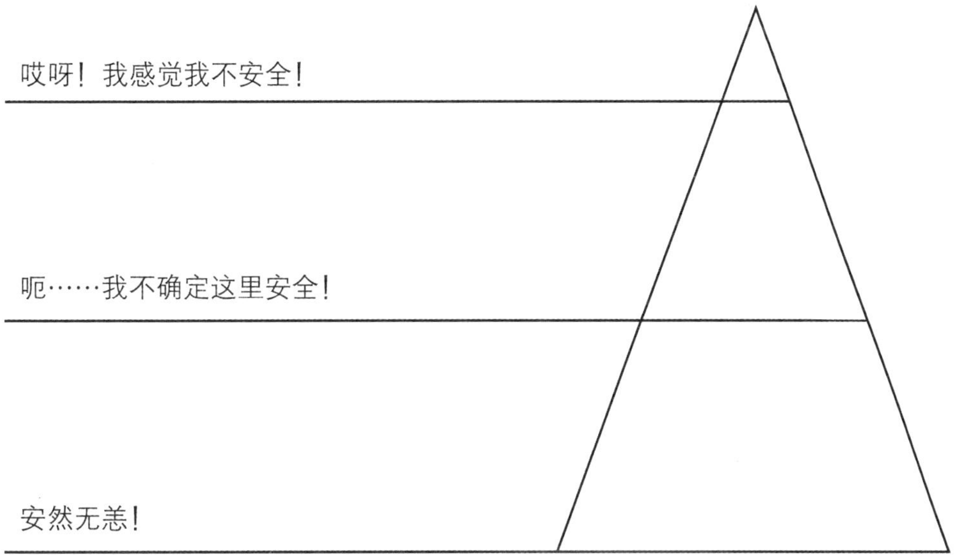

儿童青少年练习单

奠定基础

地基是楼房或建筑物的基础，可以支撑起整个建筑的物理重量。这听起来很重要，对吧？在生活中我们也有帮助自己承受压力“重量”的人生地基。它虽然肉眼不可见，但能识别它的存在却是非常重要的。就像建筑物的地基是由砖石组成的一样，我们的人生地基是由自身的应对技巧、与家人和朋友的关系、快乐的回忆、平静的想法和让我们感到幸福的活动组成的。你的人生地基是什么样的？有哪些部分比其他人的人生地基更有优势？你怎样才能进一步巩固你的人生地基？

给我带来平静和幸福的想法或回忆：	我信任的关系：
画一幅自画像：	我是好人，因为：
应对技巧：	我如何保持社交（例如，团体活动、运动、俱乐部、社区活动）

主题活动

安全的场所，安全的计划

安全感会随着环境的改变而发生变化。使用这份练习单可以让你更好地确定使你觉得安全的地点。然后，制订计划，用以增强你在不同环境中的安全感。在临床医生、照顾者或其他你信赖的成年人的帮助下完成这项活动。

第一步：列出三个你感到安全的地点。

1. ________　2. ________　3. ________

第二步：画一幅画，让自己在画中处于一个安全的地方。这个地方在哪里？它是什么样子的？那儿还有谁？

第三步：制订一个安全的计划。查看表格中列出的各种环境，并指出你如何在每种环境中保持安全感，以及谁可以帮助你。

	你能做什么?	谁可以帮助你?
在家……		
在学校……		
在一个朋友家里……		
在操场上……		
在校车上……		
其他：________		

主题活动

安全感计量器

在这个活动中，请举例说明你的安全区。这是一个你大部分时间都想身处其中的地方，你的大本营。因为安全区对每个人来说都是不同的，请描述你心目中的安全区的外观和带给你的感受。接下来，描述挑战区和威胁区。与你信赖的成年人或临床医生一起，使用以下的工具来讨论不同区域的场景或真实生活体验。这将帮助你更好地衡量安全、挑战和威胁对你来说是什么样的以及带给你的不同感受。

安全区：

举例：______

详细描述：______

______

感受：______

______

挑战区：

举例：______

详细描述：______

______

感受：______

______

威胁区：

举例：______

详细描述：______

______

感受：______

______

主题活动

安全感

为了让儿童青少年觉得与信任的朋友和成年人分享感受是舒适的，我们必须让孩子们理解并相信自身的感受是重要的。有时，我们会轻视自己的情绪，并说服自己情绪并不重要。我们甚至会对自己的情绪感到内疚。这都让我们不愿意分享自己的情绪和感受。在这个活动中，孩子们将探索自己的感受以及理解这些感受为何很重要。通过这项活动，可以让你在分享自己的情绪时感到更有信心。

首先，描述过去一周里你产生的五种不同的情绪。描述你在什么时候会有这种感觉，以及为什么这种经历对你很重要。

我感觉……	当……的时候	它对我很重要因为……

然后，将这页内容分享给你信任的朋友或成年人。描述一下你在分享前后的感受。

分享前	分享后
• 紧张 • • •	• 自豪 • • •

儿童青少年和照顾者练习单

舒适感，舒服自在的我

正如你一直学习的那样，情绪是组成自我认知的非常宝贵和至关重要的部分。认可情绪及其重要性有助于我们建立自我价值、自我意识和个人安全感。自我的感受有各种各样的形式和程度。有时，这些感受可以让我们感到舒适，但当这些感受令我们惊异，或是其程度比预期更强烈时，也会带来不舒适。在以下的表格中，列出你和你的照顾者在过去或现在感受到的不同情绪。然后，列举一个让你感觉很舒服的例子或场景。最后，挑战一下自己，回忆一下不那么舒适的时光。

情绪	舒服的情景	不那么舒服的情景
快乐和激动。	取得好成绩后，微笑着与老师击掌。	当你看到一个科目的好成绩时，跳起来大喊“哇哦!”

第三章

建立信任和理解

建立信任

对于经历过创伤的孩子来说，信任可能是一种具有挑战性的情感。通常，创伤性经历会改变或破坏信任的发展，因此帮助孩子们修复信任从而促进复原非常重要。信任另一个人意味着你与那个人有着开放的关系，他们对你表现出了信任，并且他们的行为证明了他们重视你的幸福快乐。在一段真正信任的关系中，人们可以安全地表达并讨论各种情绪。这些受信任的关系可能包括家庭成员、照顾者、朋友和社区成员之间的关系。

以下的活动旨在帮助孩子们思考信任的概念，包括他们如何发展和重建信任。考虑到信任可以随着他人的行为而增长或减少，这些工具将帮助孩子们为自身对人际关系的期望设定明确的指标参数，这样他们就可以确保自己信任的是最合适的人。这些活动也将为其他人提供一个机会，通过展示对孩子个人福祉的付出来赢得孩子的信任。认识到人们会犯错误，失去信任这样的现实，对于建立可以促进个人成长的稳定关系至关重要。

儿童青少年练习单

描绘信任的基准

在这个活动中，你可以通过描述信任及其带给你的感受来创建你自己对信任的定义。将此定义作为衡量你的信任感的基线标准。而当你对他人的信任增加时，你可以重新进行这个活动。请注意此定义随时间发生的改变。

1. 你信任谁？

家庭成员：________________________________

朋友：________________________________

社区成员：________________________________

2. 信任是什么样的？其他人有哪些值得信任的个人特质？

例如：一个好的倾听者，可靠，尊重他人。你可以在这里用文字或绘画描述一下。

3. 信任听起来像什么？描述一下，一个人可能通过说什么样的话来表明你可以信任他们。

____

____

4. 信任是什么感觉？画一幅画描绘你感到被信任的情景。

儿童青少年练习单

信任的级别

在我们的生活中，人与人之间的信任存在不同的程度。有些人赢得了更多的信任，而另一些不安全、不可预测或者陌生人是不值得被信任的。这个活动可以让你决定你生活中不同的人在你的信任阶梯上的位置。首先，你将创建一个自己的创意库，列出你生活中各种各样的人的名字，包括亲密的朋友、熟人、老师、教练、照顾者、亲戚和社交媒体上的名人。然后，通过将这些名字放入相应的信任类别中来创建你的信任阶梯。

第 1 步：创建创意库

同龄人 1. 2. 3.	家庭成员 1. 2. 3.
学校里的人 1. 2. 3.	社区里的人 1. 2. 3.
社交媒体上的人 1. 2. 3.	你的选择！ 1. 2. 3.

第 2 步：建立信任阶梯

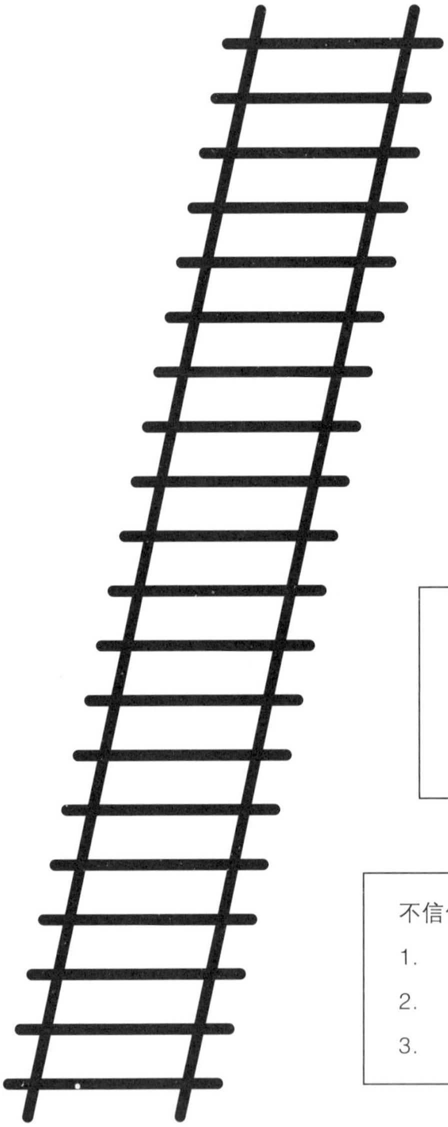

最信任的

1.

2.

3.

有一些信任的

1.

2.

3.

有一点信任的

1.

2.

3.

不信任的

1.

2.

3.

儿童青少年练习单

提升信任程度

我们一开始对某个人的信任很少并不意味着会这种状态永远保持不变。在与他人的互动中，我们会根据对方的行为改变对他的信任程度。让我们具体来了解一下，在什么情况下我们的信任等级会产生变化！首先，为信任的提升选择一个起点和终点(例如，你可能从不信任开始，逐步发展到有一点信任)。在你的选择旁边打个勾。

我选择	起点		终点
□	不信任	到	有一点信任
□	有一点信任	到	有一些信任
□	有一些信任	到	最信任

现在，思考一下从起点到终点需要什么。例如，如果有一个人对你来说属于“不信任”的级别，那么如何才能将他移到“信任”的级别中呢？请记住，你可以通过随时重复这项活动了解自己不同的信任级别。

起点	终点
我的期望：需要做什么才能升级？	结果：做了什么才导致的升级？

主题活动

重建信任

当某个人犯了错误失去了你的信任时，让他们知晓这件事是很重要的。虽然与他人分享你的感受往往是一件很困难的事，但是这些艰难的对话可以确保你们拥有牢固而真实的关系。在这个活动中，你可以确定哪些行为破坏了你的信任，它给你带来了什么样的感受，以及那个人该如何做才能重建信任。在你完成这项活动之后，你可以在你信任的成年人或临床医生的帮助下与那个人分享这些答案。

当你做了……

____

____

____

它使我感觉到……(你想用多少词就用多少词，或者你甚至可以画一幅图)

____

____

____

要想重获我的信任，你可以……

1. ____
2. ____
3. ____

收获：把这个活动的成果变成一份合同，你可以和希望重建信任的那个人在这里签字，一同努力重建信任。

________________________ ________________________

儿童青少年练习单

犯错

每个人都会犯错，犯错是生活的一部分！然而，时不时地，别人的错误会导致我们对他们产生不信任。有时候，人们可以重建失去的信任。但有时候，信任可能会一去不复返。这项活动将帮助你划定一个属于自己的界限，将错误划分为可原谅和不可原谅两类。首先，列出同伴或成年人的行为影响了你的信任时的情景。然后，在表格中列出这些行为和你自己的感受。最后，借助下面的评分表思索你用了多长时间来原谅这个人：

1 = 我只是有点不高兴。我花了很短的时间去原谅。

2 = 我有些不高兴。我花了中等的时间去原谅。

3 = 我非常不高兴。我花了很长时间才原谅。

4 = 我崩溃了。我无法原谅这一切。

发生了什么?	它让你有什么样的感受?	你花了多长时间原谅他们?（1~4 级）

反思：

你在最后一栏的评分体现了什么是你认为可以原谅的，什么对你来说是不可原谅的。1~3 分意味着你能够走出这件事。4 分意味着它打破了你的信任并且不可原谅。你有没有评分为 4 的经历？是什么事情？

____

____

____

主题活动

创建一个“不评判”合约

为了创造一个信任的环境并鼓励开诚布公地讨论，分享者和听众必须彼此理解相互的期待。这样可以使每个人在分享信息时感到舒适与自信。分享者和听众可以由临床医生和服务对象，照顾者和服务对象，或者服务对象和其他个体构成。为了促进分享者和听众之间的讨论富有成效，双方可以根据以下的表格，勾选他们认为重要的项目，放入“不评判”合约中。表格内还有一些空白区域，大家可以写下自己所有想到的内容。

“不评判”合约

当我说……的时候	当我在听……的时候
□我会完全分享信息。	□我不会打断。
□我会探索我的感受。	□我不会评判任何感受或情绪。
□我会深思熟虑地回答问题。	□我会提出相关问题。
□我不会对听众的感受或情绪做出假设。	□我不会评判演讲者的经历。
□	□
□	□
□	□

我同意做一个值得尊重的分享者或听众。

合作伙伴 A 姓名：________________

我同意做一个值得尊重的分享者或听众。

合作伙伴 B 姓名：________________

临床医生注意事项：此合同还可用于改善病人与照顾者间的互动，作为主题活动后的延续。

学会敞开心扉

在经历过创伤后，孩子们通常会躲进自己的“小岛”内试图保护自己。在这个“岛”上孩子们会把自己的想法和感受藏在心底。他们不会让别人登陆这个“小岛”。这是一种隔绝式的自我保护，但这种方式使孩子们无法从值得信赖的同龄人或成年人的经验和知识中获得帮助。通过允许别人进入他们的“小岛”，孩子们可以学会分享经验、接受鼓励、帮助以及支持他人。通过分享情绪、互动和决定来达成开诚布公的对话，不仅可以促进自我反省和自我接纳，也会使分享者处于非常脆弱的状态。本节中的活动旨在帮助孩子们探索如何放下防备，在可信赖的人面前表现出开放、诚实和脆弱的一面。学会敞开心扉是建立积极人际关系的第一步，这可以促进个人成长并培养自我意识。

儿童青少年练习单

学会表现脆弱

脆弱意味着让你信任的人看到你不好的状态，这会让我们感到害怕或紧张。为了使我们在信任的朋友和成年人面前坦承自己的脆弱时感到舒适，我们必须首先认识到自己对脆弱的恐惧。回想一下你状态不好的时候，把那时的情景描述出来。然后，想一想如果把这些信息告诉你信任的朋友或成年人，会发生什么让你担心的事。接下来，你要确认你信任的朋友和成年人能支持你，并和其中一个人分享你的故事。最后，在分享了你的故事后，再反思整个过程中你的体验。

1. 我状态不好的情景：

____

____

2. 如果我分享了，会发生什么让我担心的事？让他人知道我是怎样的人吗？别人可能不接受我吗？

____

____

3. 请记住：那些值得我们信赖的朋友和成年人会始终将我们的最大利益放在心上。他们想要帮助我们，而不是评判。考虑与你信任的人分享你的故事。

____

____

4. 分享你的故事时，你的舒适程度是？

□非常舒服　　　　□还行　　　　□不舒服

5. 当你与信任的朋友或成年人分享你的故事时，你感觉自己有多大的力量？

□非常强大　　　　□有点强大　　　　□一点也不强大

主题活动

容许自己变得脆弱

正如你所了解到的，开放地分享你的想法、感受和经历需要信任度和安全感。然而，现实情况是，我们很难每次都准备好去面对开诚布公沟通带来的脆弱感。以下的工具可以用来评估你是否准备好参与一次敞开心扉的讨论。请记住，并没有错误或正确的答案。这仅仅是一种用来衡量你在这种情形下的安全感的方法。

我处于一个安全、信任的环境中，我可以自由地分享我的想法、感受和担忧。

□非常同意　　□同意　　□一般　　□不同意　　□非常不同意

在感觉脆弱时了解自己的舒适程度。是什么让你今天更愿意或更不愿意进行分享？

____

____

____

____

____

临床医生注意：一旦在活动中介绍了本章节的概念，这个工具就可以成为帮助孩子们在家庭中建立积极讨论的一项便捷工具。

儿童青少年练习单

我怎样认识他人？

认识一个人是指我们根据对他人的了解来看待他人的过程。通常，认识的形成需要使用很少的信息进行快速地判断。我们的认识可能是不正确的，但它决定了我们将如何与他人进行互动、我们对他人的评价以及我们是否信任他人。我们可以使用以下的方法，通过获取新信息及重要信息来不断地更新自己的认知。例如：想了解周围人的新情况，可以通过对他们的生活表现出兴趣，展开提问，获得信息。在这个活动中，思考你是如何认识他人的。从你的家庭、社区或学校选择四个人，写下他们的名字。然后，陈述你对他们的看法(例如，快乐、不耐烦、随和)。最后，通过获取新信息来挑战你的认知。想出一个你可以问这个人的问题来增加你对他们的了解。

姓名	认识：他们看起来……	挑战我的认识：我打算问……
1.		
2.		
3.		
4.		

现在你有机会挑战你的认识，你对你了解到的东西感到惊讶吗？你对这些人有了什么不同的看法吗？

____

____

____

儿童青少年练习单

我希望如何被认识？

他人如何看待我们，是他们的所见所闻产生的结果。通常，我们对他人是如何看待自己是有一定的期待的，但我们的期待并不总是与现实相符。为了确保你能够以你想要的方式被他人认识，关注你想要表现出来的品质非常重要。在这个活动中，写出你希望别人在你身上看到的五种品质。把它们写在下面的云朵框中。然后，思考你希望以这种方式被感知的原因，以及你是否成功地让人感受到了这样的品质。

反思：

1. 为什么你选择了这些品质？

2. 在家里，这些品质你表现得如何？

3. 在学校里，这些品质你表现得如何？

4. 这周你展现出这些品质了吗？为什么？

5. 下周你计划如何展现这些品质？

同理心和谦逊

在经历创伤后努力地提高复原力时，学习如何与信任的同龄人和成年人建立牢固和支持性的关系（纽带）至关重要。这些纽带为持续的社会情感能力增长提供了愈合的框架。人际关系的建立和维持需要有理解他人情绪的能力，有时还需要把他人的需求放在自己的需求之前。这些能力包含了同理心和谦逊这两种品质。

同理心指的是尽管从未遇到过类似的情况，但有能力理解和分享他人的感受。它与同情心不同，同情往往要求有着共同的经历。经历过创伤的孩子有时因为想要保护自己而避免表达自己的情感，因为这会让他们感到脆弱。此时，同理心可以促使他们敞开心扉分享各种经历以及表达想法，让他们的心中焕发阳光。建立同理心需要练习，也需要学会谦逊。

一个谦逊的人往往被认为是一个不傲慢的人。他们不仅关注自己的技能和优势，而且还会对周围人表现出兴趣。当人们谦虚时，他们会发现自己擅长什么，并承认自己在哪些方面还有成长的空间。这使他们能够在需要时寻求支持。他们知道与他人合作有助于获得他人的支持，培养自己的技能。在接下来的活动中，孩子们将有机会明确自身的优势和挑战，了解自己如何从这些经历中学会更好地与他人相处。

儿童青少年练习单

保持谦逊

尽管谦逊有时会被误认为软弱，但这两个概念并不一样。谦逊意味着你能认识到自己的长处和挑战，这能让你在需要的时候寻求帮助。“谦逊”这个词对你意味着什么呢?完成下面的词语云，将与谦逊这个概念相关的词语和短语联系起来。

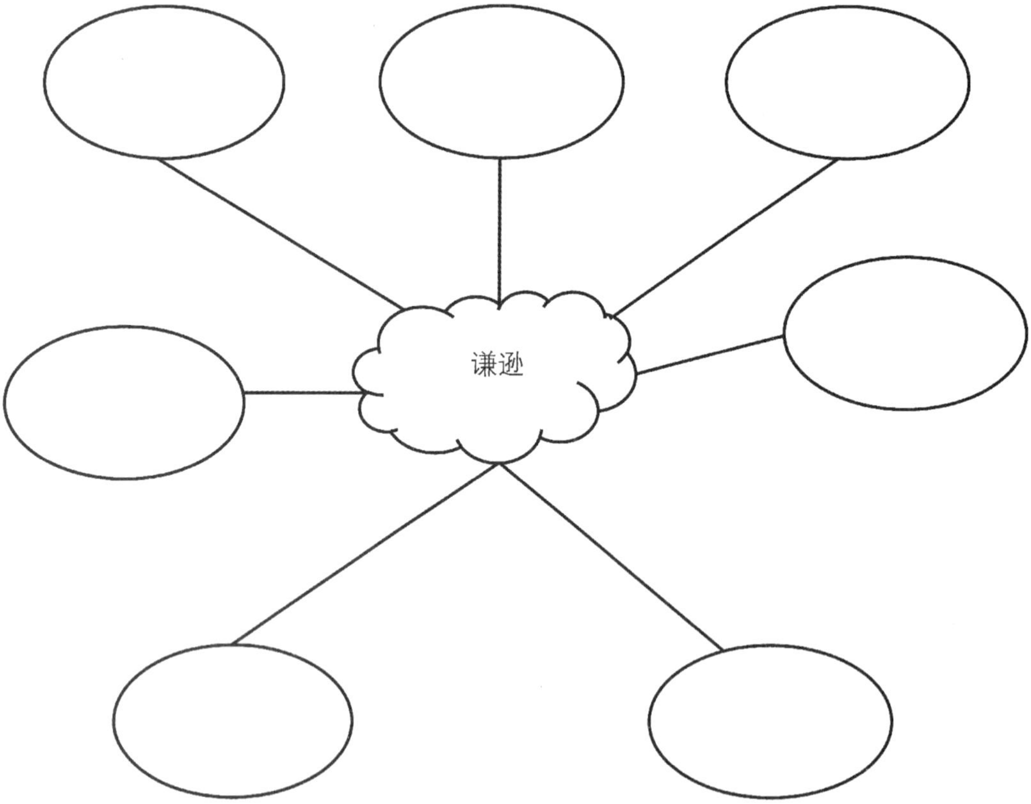

现在，回想一下你感到谦逊的时候。谦逊对你了解自己有什么帮助？

我感到谦逊的场景：

____

____

____

这段经历让我学到了：

____

____

____

儿童青少年练习单

大师、学徒和新手

每个人都有不同的优势和挑战，能力水平也存在差异。大师是对某个主题几乎无所不知的专家。学徒是具有一定技能但仍在学习的人。新手才刚刚起步，了解的东西还不多。这些不同的级别可以应用于任何场景，而不仅仅是学校。在这个活动中，与一个你信任的同伴一起努力，了解自己在不同的方面是大师、学徒还是新手。使用创意库中的信息来引导你的思考，但你也可以自由地提出你自己的想法。

创意库		
• 守时	• 与他人合作	• 分享
• 交流	• 完成我的家庭作业	• 带上我的用品
• 烹饪	• 做家务	• 乐于助人
• 素描或绘画	• 参加运动	• 成为领导者

	我的观点	一个朋友的观点
大师		
学徒		
新手		

反馈：

你能从你的朋友身上学到什么？

____

____

儿童青少年练习单

在家中保持谦逊

每个人不可能擅长所有的事情。不管社交媒体上宣称了些什么，不管我们怎么想，每个人都会面临挑战。这些挑战可能发生在家里、学校或社区。学会谦逊可以让你认识到自己的优势和挑战，这可以帮助你建立对他人的同理心。思考你在家里的优势和挑战。在下面的方框里，你可以用文字或绘画描述对应的内容。

我擅长的事情：

我做得好的事情：

对我有挑战的事情：

现在，与一个你信赖的成年人分享你的想法。他们同意你的看法吗？

□同意

□不同意

儿童青少年练习单

在学校保持谦逊

现在，你已经明确了你在家里所拥有的优势和挑战，花点时间思考如何将这些转化到学校环境中。你在学校里拥有的优势和挑战是什么？你可以用文字写下来或画成一幅画。

我擅长的事情：

我做得好的事情：

对我有挑战的事情：

现在，与一个你信赖的成年人分享你的想法。他们同意你的看法吗？

□同意

□不同意

儿童青少年练习单

谦逊：反思的能力

谦逊意味着你认识到自己不能擅长所有的事情，有时你可能需要别人的帮助或支持。学会谦虚可以帮助你与周围的人产生共鸣，并建立自我意识。在这个活动中，回想一下你感到谦逊的时候。它对你了解自己有什么帮助？例如，你当时感觉到的情绪是什么？你觉得哪些支持对你是有帮助的？你学到了什么新技能？你对别人有什么了解？你对周围的人有何感觉，或者别人愿意帮助你做什么？

____

____

____

____

____

____

我对自己的了解：

____

____

____

____

我对他人的了解：

____

____

____

____

第四章

从回味到放松：自我调节策略

调节情绪

对于经历过创伤的孩子们来说，无论情绪是来自自己所信任的成年人与自己的不一致反应，或是个人的创伤经历，情绪都有可能让他们感受到危险。当孩子们试图掩饰自己的内心情绪时，他们就会表现出各种破坏行为。当面对挑战或压力时，孩子会立即产生恐惧反应，从而表现出无礼、退缩或者逃避。这些行为代表着孩子们根深蒂固的生存反应。这些反应能让他们时刻保持警惕。本章中的活动将帮助孩子们迈出发展自我调节技能的第一步。他们将学习如何建立自己的情绪词库，识别自己的情绪体验，并确定管理剧烈情绪的方法。

儿童青少年和照顾者练习单

情绪调色板

画家会调出一系列颜色来表达他们的作品，你也可以用各种各样的词创造你的情绪调色板，用来阐释不同的情绪。建立情绪词库有助于你更好地向他人传达你的感受。在照顾者或你信任的成年人的帮助下，通过创造丰富多彩的情绪及情感词库来完成这项活动。下面列出了代表各种情绪的圆圈，在同一个圈中添加其他具有类似含义的词汇。例如，描述悲伤的词可能有忧郁、沮丧和哭泣。然后，在每个圆圈中填入一种颜色，代表你对这种情绪的感受。把你的调色板贴在冰箱上或放在你经常看到的地方，这样你就可以用它作为参考帮助自己更好地表达情绪。

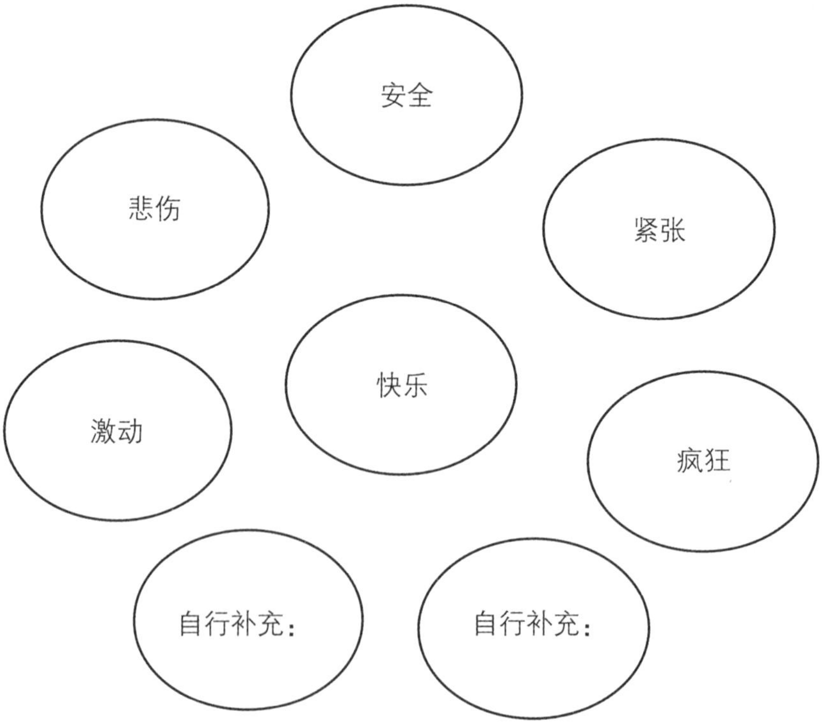

儿童青少年练习单

你感觉怎么样？

情境或事件会带来各种各样的感受。这些感受和经历都是每个人独特的体验。这意味着不同的人对同一个事件的反应是不一样的。因此对于你来说，表达自己的感受非常重要。在这项活动中，你可以练习表达自己的感受。拿出在上一个活动中创建的情绪调色板。然后，阅读以下每个场景，在框中写下与你的感受相匹配的词。最后，用你的情感调色板中的颜色填涂对应的方框。

你交了一个新朋友	你被邀请参加派对	你到了一所新学校
你的朋友或家人不能站你的角度考虑问题	有人赞美你	
你找不到家庭作业了	你陷入与他人的争论	你当着朋友的面从自行车上摔下来了
补充自己的：	补充自己的：	
补充自己的：	补充自己的：	

儿童青少年和照顾者练习单

肢体语言

情绪可以带来影响你身心的一系列反应。例如，愤怒或兴奋等强烈的情绪会让你心跳加速，或者让你的大脑在一瞬间闪过一万个念头。其他情绪，比如悲伤，会让你的思维飘忽不定，或者让你的肌肉感觉迟钝。利用这项活动来探索你的身体是如何对情绪作出反应的。想想这里列出的每种情绪，描述每种情绪的不同感受。完成后，对朋友或信任的成年人问同样的问题，看看他们的回答与你是否相同。请记住，每种反应都是属于你自己的真实感觉，所以答案没有对错之分，但其他人也有可能和你有类似的感受。

	兴奋	愤怒	担心	悲伤
你的手感觉如何？ 出汗、干燥还是冰凉？				
你的肌肉感觉如何？ 紧握、有轻微刺痛还是放松？				
你在想什么？ 思绪混乱、思绪飞驰还是疲惫？				
你的心跳是什么样的？ 快、慢，还是正常？				
你是如何说话的？ 大声、快还是慢？				
你的呼吸怎么样？ 快速、浅弱还是放松？				
其他：				

儿童青少年练习单

管理强烈的情绪

为了应对挑战，你必须能够识别并描述自己的感受。与处于战斗、逃跑或冻结模式时相比，你冷静的时候会有什么样的情绪？这时候的情绪是完全不同的，对吧？使用下面的词语，将每种情绪分类到相应的方框中。请注意，有些情绪可以属于多个类别。

悲伤	快乐	羞愧	沮丧
快乐	尴尬	痛苦	绝望
不安	害怕	恐慌	暴怒
担忧	震惊	失望	高兴
暴躁	无助	惊讶	

平静

战斗

逃跑

冻结

儿童青少年练习单

面对你的恐惧

有时候应对挑战，我们只需提醒自己：“我是可以处理生活中的各种情况的。记住，我能行！”在下面的空白头像中，画出你恐惧时的表情。想一想，那时候你的眼睛或嘴巴看起来怎么样？你会用什么颜色来代表你的恐惧？

现在，你已经承认了自己的恐惧，是时候自信地面对它们了。画出你平静而自信的表情。这就是你能控制局面时的样子。在下面的方框中，写下当你恐惧和自信时可能产生的任何想法、感觉和发生的行为。你能做些什么来帮助自己摆脱恐惧，展现自信呢？

恐惧的脸

平静、冷静、自信的脸

	恐惧的表情	平静而自信的表情
想法		
感觉		
行为		

儿童青少年练习单

感觉的累积：做个加法

感觉与我们的思想和行动是联系在一起的。也就是说，我们对自己和世界的认知方式影响着我们的行动和感受。如果你以消极的方式思考并且行动，它可能会导致负面的情绪，但如果你以积极的方式思考和行动，就可能会带来正面的情绪。在下面的方框中，写下与不同的感觉相匹配的想法和行动。

想法		行动		感受
	+		=	平静
	+		=	安全
	+		=	掌控感
	+		=	自信

应对技巧与支持

应对技巧是用来管理强烈的情绪、减少担忧或紧张、恢复平静状态的方法。有些应对方法是有效且健康的，比如通过深呼吸或正念让自己专注于当下。而另一些应对技巧（例如暴饮暴食或回避）可能会暂时让事情变得不那么紧迫，但这些回避或分散注意力的行为，最终会产生更多的压力。这样的应对方式并不健康。

在本节中，孩子们将学习区分为健康和不健康的应对技巧，他们将有机会探索健康的应对技巧用以帮助自己承受压力。由于孩子对应对方式的偏好不尽相同，本节介绍了各种活动，让孩子们可以找到最适合自己的方式。最终，我们的目标是提供一个安全的环境，让孩子们能够建立积极的应对技能，通过接触值得信任的成年人来练习并强化他们的技能。

儿童青少年练习单

探索应对技巧

应对技巧是我们用来管理情绪和保持控制感的“工具”。当面临挑战或处于令人不安的情境时，我们会运用应对技巧来恢复安全感、平静感和控制感。浏览以下的应对技巧列表，你是否使用过以下任何一项方法帮助自己度过有压力的时期？你可以在应对技巧列表中添加些什么呢？圈出你尝试过的所有技巧，并集思广益，列出你会尝试的其他技巧。

正念	社交
• 日记 • 富有创造力 • 冥想 • 设定积极的意图 • 玩游戏 • 自行补充：________	• 拜访朋友 • 给朋友打电话 • 与值得信任的成年人谈话 • 与他人在一起 • 帮助他人 • 自行补充：________
活动	**感觉**
• 锻炼 • 拉伸 • 深呼吸/腹式呼吸 • 肌肉放松 • 跳跃（如跳绳、蹦床） • 自行补充：________	• 听音乐 • 嗅吸让人平静的气味 • 品尝食物或饮料 • 玩减压玩具 • 使用加重毯 • 想象平静的地方 • 自行补充：________

确定两种你想使用的新应对技能，并完成以下陈述。

当我感觉到________的时候，我会________来保持冷静和控制感。

当我感觉到________的时候，我会________来保持冷静和控制感。

儿童青少年练习单

冷静或疯狂的应对技巧

当事情变得艰难时，你不得不开始应对！然而，并不是所有的应对方法都是有用的。有帮助的应对技巧，如深呼吸或记日记，可以让你管理自己的情绪，并将你的能力最大化地表现出来。相比之下，毫无帮助的应对技巧，如暴饮暴食或为逃避艰难的考试而放弃学习，可能会迅速缓解压力，但对于你处理眼下的情境毫无帮助。因此，拥有健康的应对技巧是很重要的，这样你就可以处理令你不舒适的情境或情绪，并以合乎逻辑的方式作出反应。浏览以下列出的应对技巧，然后举例说明平静地使用该应对技巧时的方式与疯狂地或毫无帮助地使用该技巧时的方式。

应对技巧	冷静的和有帮助的	疯狂的或无帮助的
深呼吸	举例：课堂测验前，你用像"嗅吸玫瑰花的香味一样吸气，并缓缓吹向烛火一样呼气"的呼吸法，让身体平静下来，这样你就能集中注意力了。	举例：课堂测验前，你感到惊慌失措，你开始大口快速地呼吸，这使你头晕。于是你要求去医务室，刚好避免去完成这项测验。
和朋友聊天		
听音乐		
使用减压玩具		
添加你自己的例子：		

主题活动

情绪温度计

情绪的强度可以从轻微的、可控的，到严重的、失控的。有一系列的应对技巧可以用来缓解不同程度的情绪。在临床医生的帮助下，查看以下应对技巧列表，并在列表中添加其他应对方法。然后，在下面的应对卡片上，以情绪温度计为指导，将你最喜欢的应对技能与情绪的各个强度相匹配。保留卡片，这样你就可以在家里或学校使用它来交流你的感受，并提醒你可以使用的应对技巧。

应对方法

- 练习深呼吸(例如：吹蜡烛、吹气球)
- 填色游戏或迷宫游戏
- 收缩肌肉，然后放松肌肉
- 把它(情绪)写在纸上，然后扔掉
- 在另一个区域休息一下
- 与值得信任的成年人交谈
- 运动游戏
- 说一句积极的话，比如“我是平静而淡定的”
- 吹泡泡
- 其他：____________________

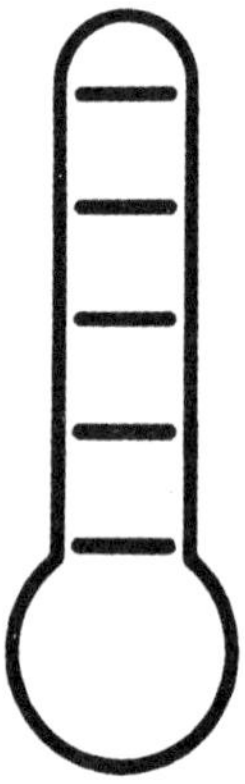

应对卡片	
情绪/感受	应对技巧
我感到失控了！	
这使我发疯！	
我紧张或不安。	
有些事困扰着我。	
我能应付/搞定。	

儿童青少年练习单

应对，让自己能力更强

既然你已经确定了健康的和有害的应对技巧，现在是时候做出积极的改变了。专注于健康的应对技巧将确保你能摆脱压力，继续前进。在这个活动中，从情绪词库中选择一种当你感到压力时可能会感觉到的消极情绪（或写出自己的情绪）。然后，选择一个积极的应对技巧，用它来帮助你走向理想的结果。最后，描述一下这种应对技巧是如何帮助你并让你感觉更有能力。

负面情绪词库	积极应对技能词汇库
悲伤，愤怒，易怒，疲惫，内疚，孤独，无助，羞耻感，心烦意乱	休息一下，听音乐，和一个值得信任的成年人交谈，集中精力呼吸，冥想，转移注意力

在家里：

当我感觉＿＿＿＿＿＿＿＿＿＿＿＿＿＿＿＿＿＿＿＿＿

我选择＿＿＿＿＿＿＿＿＿＿＿＿＿＿＿＿＿＿＿＿＿

可以帮我＿＿＿＿＿＿＿＿＿＿＿＿＿＿＿＿＿＿＿＿＿＿＿＿

在学校：

当我感觉________________________________

我选择________________________________

可以帮我________________________________

在社区：

当我感觉________________________________

我选择________________________________

可以帮我________________________________

儿童青少年练习单

设计自己的应对空间

在下面的方框中，创建你自己的个人应对空间。运用你的想象力，设计一个安全的地方，在那里你可以放松，给自己充电，重新连接外界。

- 你的空间在哪里？在家里，在学校，还是在别的地方？
- 你想用什么颜色来装饰空间？
- 你希望在这个空间使用哪种类型的光（例如，灯光、自然光）？
- 这个空间里会有什么类型的让你感觉舒适的物品？它们可以是玩具、枕头、游戏，或者你想在这个空间里拥有的任何东西。
- 你的空间里有什么样的家具？
- 你会听到什么样的音乐？
- 谁会在那里？
- 在你的安全空间内你想进行哪些活动？
- 你想要什么样的气味？例如，你最爱的蜡烛的气味，或者敞开窗户迎来新鲜空气。

主题活动

找到你的话语

当我们感到沮丧、愤怒或有压力时，很难开始对话。在这项活动中，临床医生和照顾者可以帮助孩子们创建一个感官盒子，他们可以用它来恢复平静、调节情绪和开启交流。理想情况下，这个工具在多种情境下使用。

所需材料：

- 小塑料箱或鞋盒
- 大米或沙子
- 小物件(弹跳球、积木、小玩具)
- 卡片、纸板或塑料的小片

说明：

在塑料箱里装满大米或沙子。然后，在卡片或物品(小玩具)上写下单词或画上表情符号，并将它们埋入盒子中。让孩子从箱子里挖出来看看他们找到了什么。当孩子表现平静而不痛苦时，示范如何使用这个盒子。鼓励他们描述拿到物品以及这个物品带给他们的感觉。为了鼓励孩子们的沟通，你可以写下单词或句子的开头，帮助他们描述情绪或使用语句陈述自己的感受。

表达情绪		
快乐	易激惹	平和
放松	愤怒	疲惫
悲伤	心烦意乱	担心

陈述想法
说出一个你信任的人。
深呼吸三次。
你最近一次开怀大笑是什么时候?

主题活动

冷静地提醒

当你的压力或挫败感达到最大限度时，什么样的活动能帮助你保持冷静？当我们真的很沮丧的时候，我们很难做出最佳的决定，所以用头脑风暴的方法列出积极的解决方案可以帮助你提前保持冷静。创建一个代表“冷静”的提醒标志，提醒你使用这些应对技巧时的感觉。

什么技巧能帮助你保持冷静？

- 与信任的人交谈
- 给自己留点时间
- 吃零食或喝水来休息一会儿
- 运动一会儿(如步行、跳跃、伸展)
- ______________________
- ______________________
- ______________________
- ______________________

我的冷静提醒标志

儿童青少年练习单

结束糟糕的一天

有时候，我们会有糟糕的日子。这些困难可能是由多种原因造成的，但重要的是不要陷入消极情绪的循环之中。为了继续前行，你需要学会如何摆脱糟糕的日子。在这个活动中，让我们思考一下，对你来说糟糕的一天是什么样的。然后，想想你需要从一个值得信任的朋友或成年人那里得到什么样的支持，以及你可以使用哪些应对技巧来摆脱糟糕的一天。

当我有一个糟糕的一天，它看起来像：

行动：____

____

____

情绪和身体的感觉：________________________________

____

____

想法：____

____

____

其他：____

____

____

如再度过这样糟糕的一天，我需要：

应对技能：________________________________

____

____

我可以去的地方：________________________________

____

____

可以提供帮助的值得信赖的朋友或成年人：________________

____

____

其他：________________________________

____

____

儿童青少年练习单

我的帮手

每个人都会有艰难的日子。重要的是要知道，在你周围有可以支持和帮助你的人，你并不孤独。在这项活动中，思考你可以向谁寻求帮助，以及谁向你伸出了援助之手。

你找谁帮忙？

在家	
在学校	
在社区	

谁向你寻求帮助？

在家	
在学校	
在社区	

反思：

知道自己可以帮助别人让你有什么感觉？

开心

还可以

不可以

儿童青少年活动

我与他人的联系

当面对压力重重的情境或足以压垮自己的情绪时，我们很容易忘记还有其他人可以帮助我们。制作一张卡片，提醒自己和其他人已经建立联系，并且有值得信赖的成年人可以提供帮助。完成以下的卡片，装饰它，然后剪下来。每当你需要提醒时，阅读卡片，朗诵其中的积极口号，感知自己是被支持着的。

例如：如果我感到(写出一种感受)而不知所措，我可以向(支持者)这样的值得信任的成年人或朋友寻求支持。

积极的口号：我被爱着。我与其他人有链接。

我与其他人有链接

如果我感觉________________________________，

我可以寻求________________________________支持。

积极的口号：

____

____

____

儿童青少年活动

便携的镇静套件

制作一套镇静套装方便在外出时使用。在一个小箱子里，收集一些物品，制作一个你在不同的场所或其他地方都可以使用的镇静工具。

- 促进正念呼吸的物品：风车、吹泡泡玩具
- 让头脑冷静的物品：涂色材料、喜爱的书籍、益智玩具
- 让身体平静的物品：动感玩具、橡皮筋、压力球、最喜欢的香氛
- 传达情感的物品：表情符号、情感温度计

我的工具包：

- ____________________
- ____________________
- ____________________
- ____________________
- ____________________
- ____________________
- ____________________
- ____________________
- ____________________
- ____________________
- ____________________

正念练习

正念活动提供了一个退后一步的机会，让你可以与当下连接，从而摆脱周围的干扰。这些技巧帮助我们审视自己的身体和思想，使我们可以在生活的旋风中找到片刻的平静。在这一部分，孩子们将找到用来连接身体、头脑和感官的正念活动。通过关注周围的小细节或学会控制自己的呼吸，他们可以找到平静的心态。这一节提供了各种正念活动，以便孩子们能够探索最适合自己的呼吸、沉浸和感恩技巧。这些活动可以结合起来，形成一个常规，让孩子们即使在非常困难的时候也可以减轻压力和放松自己。

儿童青少年活动

波浪式呼吸

控制你的呼吸是保持冷静和远离困扰的有效方法。大声朗读以下的呼吸指导或让你的照顾者为你朗读。在听指导语的同时遵循波浪式的呼吸，在这个练习中专注于你的身体和让自己保持宁静。你还可以尝试通过着色给波浪添加纹理或颜色。

呼吸指导

当波浪上升时请吸气。慢慢数数，1，2，3。到达波峰时停下来，在水面上保持身体平衡，数4，5，6。当你跟随波浪回到水平线时呼气，数数7，8，9，10。

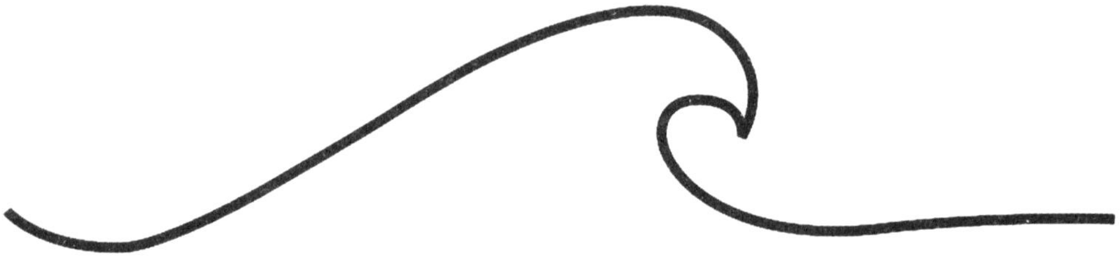

儿童青少年活动

正念山

前行并不总是容易的事。这可能会让人感觉自己正带着压力、担忧或恐惧攀爬一座高山。为了前进，你必须正视自己的想法和面对挑战，同时查验自己的感受。当你在压力或挫折中挣扎时，你可以使用以下的活动。当不舒服的感觉开始蔓延时，设法处理这些感觉，然后用这个呼吸指导让一切向前迈进。

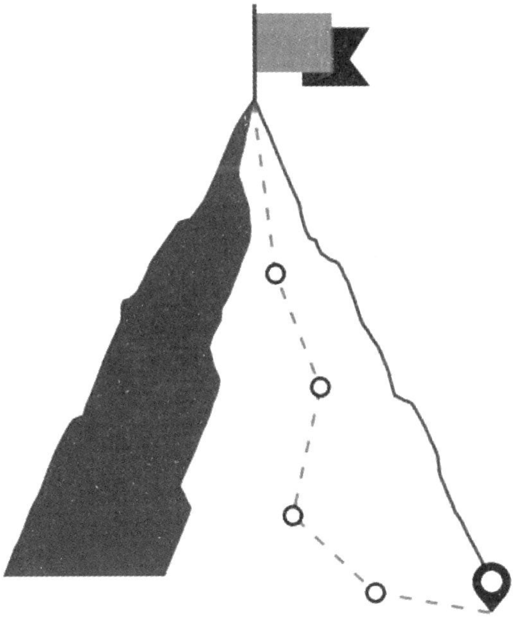

正念爬山呼吸指导

想象你正在爬山，缓缓地从 1 数到 10，同时深吸气。当你数到 10 时，代表你爬到了巅峰，此时屏住呼吸，正视自己的挑战和努力。当感受到自己掌控全局时，呼气。

儿童青少年练习单

沉浸练习指导

沉浸是一种简单、快速的活动，它可以使你通过专注于自己周围的环境，帮助你与当下保持联系，同时帮你阻断具有挑战性的想法或感觉。当你开始感到不舒服或担心时，这类活动可以帮助你。以安全沉浸指导为例，创建你自己的，让你感到安全和平静的沉浸方法。

安全沉浸指导
5. 说出 5 个你信任的人。
4. 说出 4 个安全的地方。
3. 说出 3 种舒适的感觉。
2. 说出 2 种帮助你感觉更安全的应对技巧。
1. 说一句积极的话，比如“我能做到！”或者“我被爱着”。

个人的沉浸指导
5. ________________
4. ________________
3. ________________
2. ________________
1. ________________

儿童青少年活动

曼陀罗涂色

曼陀罗花是带有重复图案的几何设计。给曼陀罗涂色需要耐心和专注，这两者都是正念的要素。涂色时集中注意力的行为将帮助你放松，释放压力，专注于当下。使用彩色铅笔、记号笔或中性笔来完成一个美丽的图形设计。通过使用各种颜色来完成你的曼陀罗，让你的创造力表达出来。

儿童青少年活动

正念曼陀罗

使用提供的模板创建你自己的曼陀罗。通过使用各种形状、标记和图案，在每个环形周围进行独特的设计，让你的设计真正属于你自己。使用多种颜色，让你的曼陀罗引人注目。

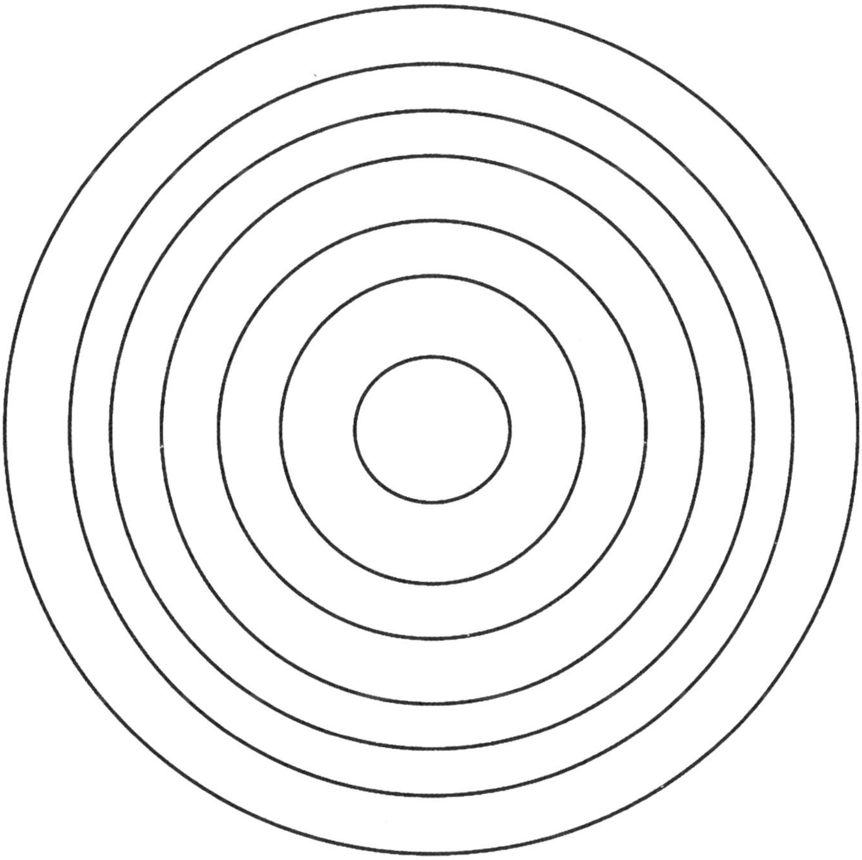

儿童青少年和照顾者练习单

爱的语言

爱的语言对每个人来说都是独一无二的，因为有太多的方式可以用来感受爱和表达爱。照顾者和孩子们可以用各种各样的方式表达爱。例如，孩子可能会因为得到一个拥抱或与家人玩游戏而感到被爱，而照顾者可能会在有人问他们感觉如何或与爱的人相处时感到被爱。注意到我们在给予爱和感受爱的方式上的不同，有助于增进我们与他人的连接。照顾者和孩子们可以按照下面“心脏的轮廓”，轮流列出他们感受或表达爱的方式。在中间，他们可以列出家庭里爱的语言的共同元素。

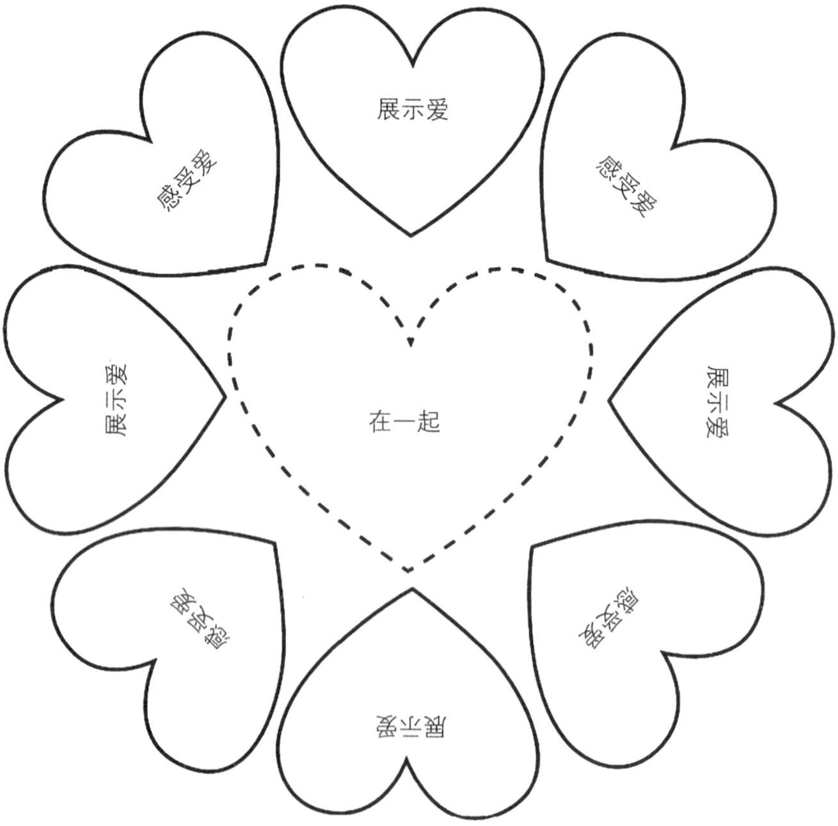

儿童青少年练习单

每日打碟者（DJ）

音乐是激发身心迎接挑战性任务的好方法。正确的节拍可以使心脏跳动，让良好的氛围流动。这都可以帮助你做好准备迎接新的一天。同样，柔和的音调或较慢的节奏可以帮助你平静身心，从沮丧中恢复过来，或者冷静下来。什么音乐对你有意义？释放你内心的 DJ，在下面创建“热身”和“放松”播放列表。

热身歌曲 TOP 5

记录这个列表使用的次数：____________________

1. ____________________
2. ____________________
3. ____________________
4. ____________________
5. ____________________

放松歌曲 TOP 5

记录这个列表使用的次数：____________________

1. ____________________
2. ____________________
3. ____________________
4. ____________________
5. ____________________

儿童青少年和照顾者活动

正念进餐

探索食物是一种很有趣的方式，是用来连接当下，用感官描述日常生活的一种方式。利用你的五种感官，描述一下你的饮食(无论是课后点心还是家庭晚餐)。尽可能多地记录颜色、气味、味道、质地和声音。与其他家庭成员一起尽可能多地描述用餐细节。

挑战：进一步开展这项活动，与你的照顾者一起做最用心的一餐。考虑你对味道、气味、质地和颜色的偏好。然后与你的家人分享你的作品！

菜单：________________________________

视觉：________________________________

嗅觉：________________________________

味觉：________________________________

触觉：________________________________

声音：________________________________

儿童青少年活动

我用五官侦察

比赛时间到了！

“我侦察”是一款猜谜游戏，你可以选择一个物体，描述它的样子，而不说出它的名称，让伙伴来猜测。在本书中，我们改编了这款游戏。你需要运用所有的感官来描述物体。首先，找一个可以和你一起玩的伙伴、朋友或家人。然后，轮流选择要描述的对象。不用说物体是什么，用你的感官来描述这个物品。看看其他玩家能否猜出物体是什么！

我猜……

闻起来像：____

感觉就像：____

听起来像：____

尝起来像：____

看起来像：____

儿童青少年练习单

几分钟正念游戏

花 1 分钟(或 3 分钟)玩一个专注的分钟游戏！这些都是可以帮助人们更容易地谈论情绪、应对技能和健康习惯的好方法。游戏很简单：设置 1 分钟的计时器，阅读任务，并尽可能多地创建答案。你可以在下面的框中列出你的答案，也可以让伙伴为你写下来。试着在几周后再次重复这项任务，看看你的成长！你也可以把这个变成一个游戏，通过挑战朋友或家人，看看他们能想出多少答案。谁可以创建更长的列表？

任务 1：在 60 秒内列出尽可能多的情绪。开始！

任务 2：在 60 秒内列出尽可能多的应对技巧。开始！

任务 3：在 60 秒内列出尽可能多的健康习惯。开始！

追踪你的进步！记录每次你能想出多少个答案。

	日期：	日期：	日期：
情绪的数目			
应对技巧的数目			
健康习惯的数目			

第五章

打破坚冰：建立解决问题的途径

管理自己的思维模式

通常来讲一个问题并不只有一种解决方法，但并不是所有的方法都能带来积极或有益的结果。我们需要学会耐心地审视所有可能的选择并基于掌握的信息做出最佳决策，才能得到有效的解决问题的方法。然而，当压力存在时，一个人解决问题的能力会被逐渐“冻结”。压力水平高和决策技巧差会使得人们在面临问题时被情绪牵着走而不是退一步分析形势。拥有一个冷静和放松的思维模式使孩子们能够进行头脑风暴，得出不同的可能的解决方法，分析每种方法会带来的好的和不好的结果，并且针对当下的情况做出最佳决策。接下来的这些活动会向大家展示不同的解决问题的思维模式，并提供情景活动供大家练习决策技巧。

儿童青少年练习单

解决问题的思维模式

你做好准备要来解决问题了吗？为了做出最佳决策，我们的身体必须要是冷静的。当我们伤心的时候，思维模式会变得被动，不自觉地跟随现实的状况给出情绪反应，这会限制我们去思考接下来会发生什么以及我们的行动会产生什么样的结果。当我们不情愿面对问题时，我们解决问题的能力也会下降，并经常使得我们选择逃避这个问题。

情绪反应式的思维模式

当面对一个问题时，你会跟随问题做出情绪反应！

你的经历：____________________

冷静和放松的思维模式

你思考要如何解决问题，头脑风暴得出一些解决方法，考虑所有可能的结果，做出计划并行动！

你的经历：____________________

不情愿的思维模式

对你来说一切事物都只能带来更多的负担，所以你选择忽视这个问题。

你的经历：____________________

儿童青少年练习单

思维模式提醒器

第一步：为每一种解决问题的思维模式创造一个图示：情绪反应式的、放松的和不情愿的。可以使用一些颜色、符号或图像来使你的图示更突出。

情绪反应式的	放松的	不情愿的

第二步：将提供的例子或是你自己的例子分类，并将它们放在对应的思维模式的表格里。

例子：

- 朝某人大喊大叫
- 从一场争吵中走开
- 藏在浴室内
- 寻求帮助
- 当朋友伤害了你的感受，告诉他们这件事
- 感到失意时低下头
- 当有人说了不友善的话时不大喊大叫
- 不顺心的时候跺脚

情绪反应式的	放松的	不情愿的

儿童青少年活动

思维模式小瓶子

当你感到你解决问题的能力被“冻结”时你会怎么做？当你面对一个问题却无法开始行动时呢？有时，先休息一下，分散一下注意力，然后再回来尝试解决问题会更有用。请阅读以下的这些小任务，并添加几个你自己的想法。然后，将这些卡片剪下，把它们放在一个思维模式小瓶子里（或一个罐头、信封，或任何你有的容器）。下次当你陷入这样的困境时，把手伸进你的“小瓶子”里，快速完成卡片上的任务，然后再回到解决问题上来。

给朋友讲个笑话。 例如：“为什么巧克力总得第一名?” 因为巧克力“棒”。	找一个远离你工作区域的地方，最好是阳光充足的地方。练习几轮深呼吸。 吸气，就像闻闻一朵玫瑰；呼气，就像缓缓吹向烛火。	暂时放下你的问题休息一下。完成待办清单上的另外一件事。 例如：打扫卫生、做家务或者遛狗。
想想你上次解决一个具有挑战性的问题的情形。列出两个上次帮助你解决问题的积极策略。	出去散散步，然后深吸一口气。你闻到了什么？再环顾四周并说出你看到的三样东西。	站起来做五个瑜伽动作。比如下犬式、儿童式、树式和猫/牛式。
找点食物，在另一个房间吃，然后回来解决你的问题。	对自己说一句积极的话并重复三次。 例如：“我可以处理这个问题。我是个擅长解决问题的人。”	给朋友讲个笑话。
请你也写一个：	请你也写一个：	请你也写一个：

儿童青少年活动

问题与可能的选项：第一部分

我们已经学过，在面临问题时的不同思维模式（情绪反应式的、放松的、不情愿的）会影响你的应对方式。仔细阅读下列的情景，并进行头脑风暴，列出不同的反应方式。然后请你自己想一个情景并写出可能的反应方式。

情景 1：小明昨天数学考试不及格，但他能通过订正来提高成绩。然而，当回到家时，他在凌乱的背包里找不到试卷了，于是他开始恐慌起来。

情绪反应式的：

放松的：

不情愿的：

情景 2：小红把麦片撒在了地板上，正在厨房里收拾残局。突然她妹妹在厨房里追着狗跑来跑去，导致那堆麦片散落在房间各处。

情绪反应式的：

放松的：

不情愿的：

写一个你自己的情景：

情绪反应式的：

放松的：

不情愿的：

儿童青少年练习单

问题与结果：第二部分

每一个决定都带来相应的后果。也许“后果”这个词听起来很吓人，但请记住，无论它是好，是坏，或不好不坏，“后果”都只是行为所带来的结果的另一个名称。选择一个情景并列出每种思维模式的不同后果。这里先提供一个示例。

情景：一个朋友在操场上让你难堪了。

情绪反应式的：你朝着你的朋友大吼。

后果：你依然感到伤心，并且此时你的朋友也伤心了。

不情愿的：你躲在灌木丛后面，这样就没人能看见你了。

后果：你的朋友不知道他伤害了你的感情。你失去了和其他人一起玩的机会。

放松的：你深吸一口气，告诉你的朋友：“我觉得很尴尬，因为你取笑了我。”

后果：你以一种积极的方式表达了你的感受。你可以和你的朋友继续相处，并且不会使自己困于其中。

情景：

情绪反应式的：

后果：

不情愿的：

后果：

放松的：

后果：

决　策

本节的活动能帮助孩子们在低风险环境中练习解决不同情景中的问题。练习决策技巧可以帮助孩子们做好准备，应对现实生活场景中的压力。当孩子能够控制自己的思维和情绪时，他们就可以用理性和逻辑去看待事件，这能帮助他们采取最好的行动。这种推理使他们能够更好地预测后果，确保他们能为自己的个人成长做出最好的决策。

儿童青少年练习单

奇妙的思维模式

来认识一下“奇妙”吧，“奇妙”是藏在你身体里的一个拥有超能力的英雄，它使你能够解决问题，打破坚冰！为你的“奇妙”设计一个形象吧，你可以列出它拥有的超能力，为它选一个小伙伴，以及添加一些其他有趣的细节。接下来你还可以给这个藏在你身体里的新的超级英雄画一幅画像。

形象
是否戴面具？是或否
是否穿斗篷？是或否
白天的工作：________________
最喜欢的颜色：________________

超能力： • 解决问题，打破坚冰！ • • • •	**为你的超级英雄画一幅画：**
信任的伙伴： 姓名： 描述： 当你面对棘手的问题时，你信任的伙伴是如何帮助你保持冷静不失控的？（例如，播放你的“超级歌曲”使你打起精神）	

儿童青少年练习单

行动中的奇妙思维

你和你信任的伙伴刚刚加入了超级英雄学院，并准备好开启你们的第一次见面：学习解决问题的技能。你刚刚成为英雄，感到有点紧张，但你对自己的能力有信心，你相信自己可以做到！为了做好充足准备，你决定在出发前先做一些解决问题的练习。在这个活动中，你需要仔细阅读以下的情景并选择一个来解决。你需要确定潜在的问题是什么，人们有什么恐惧，然后确定最好的解决方案。

步骤 1：选择一个情景

情景 A：小米和小红正在争论是否要告诉家长他们弄坏了一个玩具。你能给他们什么建议？

情景 B：课间休息打篮球时，肖恩因为撞到了汤米而丢了球。汤米对肖恩大喊大叫，干扰了比赛。你能给汤米什么建议？

情景 C：请你也写一个情景：________________________________

____

____

步骤 2： 基于你在步骤 1 中选择的情景，回答以下问题

确定问题之所在			
情境中的人物有什么感受?			
说出一个他们可能采取的积极行动		描述可能的结果	
说出一个他们可能采取的消极行动		描述可能的结果	

步骤 3： 现在你已经进行了一些解决问题的练习，你是否更有信心把解决问题的技巧付诸实践？为什么？

____

____

儿童青少年练习单

解决问题的情景

在这个活动中，你将阅读以下四个情景，并选择与情景相匹配的解决问题的方式。答案在这次活动的最后会揭晓，但在你完成前请尽量不要偷看！

情景1：莉亚和几个朋友参加了一个生日聚会。莉亚把一个纸杯蛋糕掉在了地板上，有两个女孩开始嘲笑她。利亚起初觉得很尴尬，于是跑到了洗手间。她深吸了几口气，把自己打理干净了。她觉得自己受到了伤害，当她擦干眼泪后，她决定告诉那两个女孩她的感受。

利亚解决问题的思维模式是什么样的？

A. 情绪反应式的

B. 放松的

C. 不情愿的

情景2：课间休息时小华和他的朋友们玩游戏。小华输了，他感到心烦意乱。于是他喊道："你不该这样玩！没人听我说话，我不想再玩了！"说完后他一把把球扔掉，走开了。

小华解决问题的思维模式是什么样的？

A. 情绪反应式的

B. 放松的

C. 不情愿的

情景3：科迪听到他的父母在客厅里为钱的问题争吵。他本应该在自己的房间里做作业，但他父母的声音太大，让他无法集中精力。科迪沮丧地走向他的房间，放了一会儿音乐。妈妈叫他吃晚饭，他也没有理睬。之后科迪冷静了下来后，决定告诉妈妈他很难过。科迪跟他妈妈说了当他听到父母争吵时，他很伤心。

科迪解决问题的思维模式是什么样的？

A. 情绪反应式的

B. 放松的

C. 不情愿的

情景 4：安娜突然要参加一次数学考试。对老师们来说考试只是用来评估学生们知识掌握的水平。但考试开始后安娜逐渐无法集中注意力并开始感到恐慌。她无法理解题干，她感到心烦意乱。她低下了头，不想再继续答题。

安娜解决问题的思维模式是什么样的？

A. 情绪反应式的

B. 放松的

C. 不情愿的

1.B，2.A，3.B，4.C

儿童青少年练习单

问题回应练习

你准备好了吗？如果你现在很平静并且已经做好准备，那就写下你正在经历的问题。和你信任的伙伴一起，列出三种可能的回应问题的方式。思考每种方式会带来的结果并选择最好的一个，或者修改这些可能的方式来做出决定。

当前的问题：

____

____

____

可能的回应方式 1：______________________________

____

____

可能的回应方式 2：______________________________

____

____

可能的回应方式 3：______________________________

____

____

思考以下几个问题：

- 你以前解决过这类问题吗？如果有，是怎么解决的呢？
- 你以前见过别人解决这类问题吗？如果有，是怎么解决的呢？
- 身边有人能帮你吗？如果有，是谁？

对我来说，最好的选择是什么？

我会通过什么方式来解决问题？____________________

____

____

____

____

这会帮助我感到____________________

____

____

____

____

儿童青少年练习单

冷静和放心地思考

冷静是面对挑战的最好方法。以下表格可以为你提供指导，帮助你完成决策。首先，确定一个你的个人问题或挑战。然后通过头脑风暴列出各种能解决它的方法和相应的结果，最后根据你的情况选择最好的方法。

1. 确认问题：	
2. 可能的解决方法 A：	可能的结果：
3. 可能的解决方法 B：	可能的结果：
4. 可能的解决方法 C：	可能的结果：

对我来说最好的解决方法是________________

我的计划是________________

____

如果我需要帮助，我可以求助________________

____

我是一个冷静而放松的问题解决者。

应对改变

每个人都可以通过自身经历证明这一点：**改变是困难的**。它意味着我们要应对不熟悉的、意想不到的或者未知的事物。人们在固定的模式、熟悉的事物和统一的情境中会感到舒适，所以新的或不同的事物会对我们产生冲击。避免改变似乎是维持以往安全环境的一种方式，特别是对于经历过创伤的孩子来说尤为如此。但现实是，避免改变也可能会阻碍个人进步。因此，接下来的活动将帮助孩子们走出熟悉的环境，充分发挥他们的潜力。

改变的第一步是帮助孩子们认识到自己想要与众不同。这听起来似乎是显而易见的，但这种认识能实实在在地表明孩子们已经准备好要成长了。能够识别出自己需要改变代表了孩子们正在反思他们的决定或行动，并且他们明白可能有更好的方式来处理事情。这种认识促使他们探索其他选择，并尝试不同的事物。探索新事物并不总是要很大规模。小小的改变也能对孩子的日常生活产生很大的影响。重要的是要对变化的可能性抱有开放的态度，以促进灵活、动态的思维和个人赋能。

儿童青少年练习单

制订一份备选计划

改变出现了！当改变来得猝不及防时，我们会感到不安全或沮丧，而这会影响我们解决问题的能力。利用这个机会反思一下你不得不处理日常生活中的变化时的状态。首先承认你的感受，列出任何可以帮助你应对变化的技巧。然后，使用头脑风暴列出另一个备选计划，帮助你在下次面对意想不到的变化时不会失去安全感。

步骤 1：描述一下你典型的日常生活，以及哪些地方发生了改变：

平时会发生些什么？	哪些发生了改变？

步骤 2：对此你有什么感受：

快乐　担心　焦虑　不确定

伤心　沮丧　愤怒　其他：________

步骤 3：圈出所有能让你感觉更好的应对技巧：

寻求帮助　与信任的成人交谈　深呼吸　画画

听音乐　休息片刻　安静地坐着　其他：________

步骤 4：制订一个备选计划！如果这种情况再次发生，你可以采取哪三个积极的行动来应对这种变化？

1. ____________________
2. ____________________
3. ____________________

儿童青少年练习单

迈步向前

想要做出改变的决心非常重要。一旦你决定要改变并且不再怀疑自己，你就必须决定如何开始。大的改变不会在一夜之间发生，所以你需要从小处开始！即使是最小的变化也会在未来产生很大的影响。留意你的每个小改变可以让你知道你已经在改变这条路上走了多远。在这个活动中，你需要绘制你的前进图。首先，写下你的目标。然后，每一次你为了实现目标而做出小改变时，都把它写下来，并给道路上的脚印涂上颜色。

示例：准时到校。

第一小步：前一天晚上就挑选好要穿的衣物。

第二小步：前一天晚上就收拾好背包。

第三小步：把闹钟提前 5 分钟，让我能有更多的时间起床。

我的目标：________________________________

第一小步：________________________________

____

第二小步：________________________________

____

第三小步：________________________________

____

儿童青少年练习单

呦！我正在尝试一些新事物

害怕新事物有时会阻止我们探索不同的可能性。直面这些恐惧是很重要的，这样你才能继续成长和改变。在这个活动中，你需要思考一次你必须尝试新事物的经历。对此，你害怕的是什么？你有什么其他感受吗？最后有哪些好的和不好的结果？

我尝试新事物的一次经历：

我的想法：	我的感受：

好的结果：	不好的结果：

下一次我会有哪些不同的做法？

儿童青少年练习单

尝试一些新事物

是时候了解一下你信任的朋友或成年人尝试新事物时的体验了！我们总是容易认为其他人的经历体验和我们一样，但事实并非如此。选择一个你信任的朋友或成年人，采访一下他们关于尝试新事物的经历。询问他们的恐惧、感受以及好的和坏的结果。列出所有你可以在未来同样的经历中尝试的方法。

采访问题

1. 说一说你尝试过的新事物。

____

____

2. 在这个过程中你担心的是什么？

____

____

3. 你还有什么其他感觉？

____

____

4. 你如何控制你的忧虑？

____

____

5. 尝试新事物给你带来的积极结果是什么？又有哪些结果是意料之内和意料之外的呢？

____

____

6. 有什么不好的或你不想要的结果吗？

____

____

采访后你需要完成的问题：

1. 这个人的经历和你的有什么相似之处？

____

____

____

2. 这个人的经历和你的有什么不同？

____

____

____

3. 列出所有你认为可以在尝试新事情时解决你的担忧的新想法。

____

____

____

儿童青少年练习单

做出改变

改变是很困难的。如果你开始怀疑这种改变是没有必要的，就会难上加难。通常情况下，改变开始于意识到有些事情不太对，但我们可能需要一段时间来完全确定到底需要改变什么。在这个活动中，你需要思考一个具体的挑战并确认需要做出的改变。然后，你需要思考哪些方式是行不通的，哪些需要改变。

我面临的挑战问题是：

□我意识到我需要做出改变来改善我的生活。

____

（签名）

哪些方式行不通？

- ____________________
- ____________________
- ____________________
- ____________________

哪些需要改变？

- ____________________
- ____________________
- ____________________
- ____________________

现在，你有什么疑惑？思考这些疑惑是合理的(**事实**)还是只是在找借口(**假话**)。

疑惑：	事实或假话
• ______	• ______
• ______	• ______
• ______	• ______
• ______	• ______

儿童青少年练习单

掌控自己的选择

每一天，我们都需要做出大大小小许多不同的选择。虽然怀疑自己做出的选择是否正确是很常见的，但这种自我怀疑可能会造成严重的后果，会阻止我们继续前进。在本次活动中，你将练习如何掌控自己的选择。首先，描述你最近做的一个选择。然后，说出你的担忧。根据这些信息，确定可能发生的最坏的情况，并思考如何防止这种情况的发生。

1. 我做的一个决定：

____

____

____

2. 我担心：

____

____

____

3. 可能发生的最坏的情况：

____

____

____

4. 我可以采取以下措施防止最坏的情况发生：

使用我的技能：______________________________

____

向能支持我的人寻求依靠：______________________________

____

重复一句积极的话来帮助我对自己的选择保持自信：______________________________

____

第六章

提高赋能和自我关怀的能力

发现内心的自我

通过这本手册中的练习，孩子们已经学会了管理情绪，解决问题，应对变化，建立信任和理解的有效策略和技巧。此刻，他们应该已经学会了许多新的能力，现在是时候帮助他们意识到自己的经历是独一无二的，帮助他们了解如何才能发展更强的自我意识。孩子们很容易将别人的生活与自己的做比较，这可能会适得其反地导致他们评价自我时更苛刻。接下来的活动旨在帮助孩子们更现实地看待他们的生活和经历，使用一种富有成效的心态来激发复原力和提高适应性。帮助孩子反思他们的选择、目标和行为，这将有助于提高自我意识，并将成为增强个人能力的基石。

儿童青少年练习单

我是谁?

了解自己，或拥有自我意识，是你人生旅程中一个重要的部分。它让你变得更有思想、更独立、更有控制力。有了自我意识，你就可以有意识地反思自己的想法和行为，而不是仅仅进行评判。

让我们开始吧！在这项活动中，想一想你现在是什么样的人，以及你认为自己将来会成为什么样的人。

姓名：

____

年龄：

____

隐藏的天赋：

____

在学校我最擅长的科目：

____

我在某方面可以赢得金牌：

____

10 年后，我看到自己：

____

20 年后，我看到自己：

____

与值得信赖的成年人或朋友分享你的想法时，他们的反应是什么?

____

____

儿童青少年练习单

我的高光时刻

“高光时刻”是指在某一特定时间段内最精彩的部分，或最重要的时刻。“高光”是指对一个人来说特别值得注意或重要的时机。有了社交媒体，我们很容易看到朋友和家人的高光时刻，而我们对他们生活的看法也来源于这些高光时刻中获得的信息。在本次活动中，你将列出自己过去一周的高光时刻。然后，想一想为什么你期待与他人分享这些信息。你可以用文字或绘画记录所发生的事情。

我的高光时刻	我为什么想分享这些时刻?

反思：

在我们的高光时刻中，我们更倾向于分享积极的还是消极的事件？

____

____

____

____

儿童青少年练习单

真实时刻 vs. 高光时刻

当与朋友或熟人交谈时，人们可能只愿意分享自己的高光时刻，也就是在他们生活中发生的很棒或很重要的事情。但我们不能把现实生活中的经历和生活中的高光时刻相提并论。因为这样做会造成一种扭曲的观点，认为其他人的生活都比我们好，只有我们自己会犯错。现实情况是，每个人都有真实时刻和高光时刻。在这个活动中，你将列出你的真实时刻，诚实地分享本周发生的四件事，无论它们是积极的还是消极的。然后，反思这些事件是如何帮助你成长的。你可以按照自己的意愿选择用文字或绘画记录你的经历。

这周发生了什么？	它是如何帮助你成长的？例如，你有没有尝试过新事物或交新朋友？

与你信任的成年人或同龄人分享你的经历。他们有类似的经历吗？

主题活动

自我意识：什么是重要的？

我们很容易被琐碎而不重要的事情所困扰，也常常被那些没有太大影响的小事所吞噬。这些小的干扰会阻止我们实现目标。专注于真正要紧的事情是很重要的。在临床医生或值得信赖的成年人的帮助下，反思在你的生活中什么是重要的事，什么是不重要且只会让你分心的事。

什么对我来说是重要的?	为什么?
1. ________________	1. ________________
2. ________________	2. ________________
3. ________________	3. ________________

什么对我来说是不重要的?	为什么?
1. ________________	1. ________________
2. ________________	2. ________________
3. ________________	3. ________________

根据你认为重要的事情，找一句名言或写一句个人的座右铭在这里：

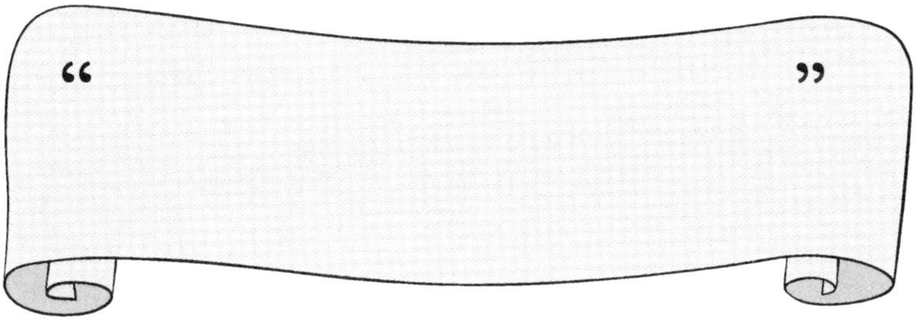

儿童青少年练习单

关怀自己!

感受到被赋权是指有强烈的自我接纳感，这意味着你爱自己本来的样子。每个人都有优势与不足，尽管我们有缺点，但我们需要展现对自己的爱。自我意识和自我接纳能让你实现个人成长和赋权。在这个活动中，找出所有让你爱自己的事实。

我爱我自己的 10 件事：

1. ______________________________
2. ______________________________
3. ______________________________
4. ______________________________
5. ______________________________
6. ______________________________
7. ______________________________
8. ______________________________
9. ______________________________
10. ______________________________

现在，请与值得信赖的成年人或同龄人交流沟通。想出更多让你爱自己的理由。

- ______________________________
- ______________________________
- ______________________________
- ______________________________

赋 权

反思是实现自我赋权的必要步骤。在以上的活动中，孩子们学会了如何建立自我意识，专注于个人成长和适应能力。现在，是时候让他们学习如何在追求自己的目标、表达需求和期望时有效地表达自己。当孩子能够清晰地交流时，这表明他们对自己的知识有信心，并对与他们互动的人抱有期望。

有效的沟通不仅与我们所使用的语言有关，也涉及我们如何说这些话，还包括沟通中我们想给他人留下的印象和看法。因此，本节的活动将帮助孩子们反思最有效的沟通方式，以及他们自己的个人沟通风格。这些工具将帮助孩子自信地说话，并允许他们与值得信赖的同伴和成人分享自己的目标和策略，从而可以在整个过程中获得他们的支持。自信地分享这些信息表明孩子们被赋予了权力，不再隐藏自己的情绪，不再害怕做出改变。

主题活动

恰到好处的沟通

第一步：滔滔不绝 vs. 恰到好处

人们用来传递信息的沟通方式有很多种。激进的沟通者只表达他们自己的愿望和需求，而不考虑其他人的感受。他们的风格是“滔滔不绝”。一个自信的沟通者能以一种开放和直接的方式表达积极和消极的想法。这可以确保沟通是富有成效的，并使人们感到被尊重。他们的风格是“恰到好处”。在此活动中，请阅读示例场景，并考虑一个自信的沟通者与一个激进的沟通者的反应。你认为结果会是什么？

情景：你的家长原本告诉你今晚可以去你最喜欢的餐厅吃饭，但他们刚刚告诉你，这是不可能的。他们说他们很抱歉，但你真的很沮丧。

“恰到好处”的反应(自信的)	“滔滔不绝”的反应(激进的)
例子：“我真的很失望，但是也许我们可以改天晚上出去?”	例子：“这不公平！你们总是改变计划!”
“恰到好处”的结果	“滔滔不绝”的结果

思考：你注意到“恰到好处”的结果和“滔滔不绝”的结果有什么不同？哪一个是你想要的？

____

____

主题活动

恰到好处的沟通
第二步：一声不吭与恰到好处

我们用来向人们传递信息的沟通方式有很多种。被动沟通者常常不愿分享他们的感受、愿望和需求。他们通常不会公开地对伤害性或令人不安的情况作出反应。他们的风格是“一声不吭”。一个自信的沟通者能够以开放和直接的方式表达积极和消极的想法。这可以确保沟通是富有成效的，并使人们感到受到被尊重。他们的风格是“恰到好处”。在此活动中，阅读以下示例场景，并考虑一个自信的沟通者与一个被动的沟通者的反应。你认为结果会是什么？

情景：午餐时，一位同事针对你的新鞋发表了一些不太友善的评论。你真的很喜欢这双鞋，有人不喜欢它们让你很烦恼。

“恰到好处”的反应	“一声不吭”的反应
例子：“你对我的鞋子的评价让我很伤心。我很喜欢它们。”	例子：耸耸肩，看向别处，什么也没说。
“恰到好处”的结果	**“一声不吭”的结果**

思考：你注意到“恰到好处”的结果和“一声不吭”的结果有什么不同？哪一个是你想要的？

主题活动

我是什么类型的沟通者?

众所周知，我们可以通过不同的方式向周围的人传达我们的期待和需求。并非所有的沟通方法都是一样的，某些方法在确保沟通效果方面优于其他方法。这项活动可以让你反思自己的沟通风格。请在以下的表格中勾选出你与他人互动时最接近自己行为的描述。与值得信赖的同龄人或成年人合作，他们的反馈将对你很有帮助。

“一声不吭” 被动沟通	“恰到好处” 自信的沟通	“滔滔不绝” 激进的沟通
□我隐藏或逃避感情。 □我害怕被拒绝。 □我害怕不被认可。 □我把我的感觉藏在心里。 □我不想看起来很“傻”，或者看起来像我不知道发生了什么。 □我不喜欢做错事。 □我可能是不成熟的。 □我可能会感到孤立或焦虑。 □我并不总是表达自己的想法。	□我认识到并承认我自己的感受。 □我认识并承认他人的感受。 □我可以把自己描述为敏感和有爱心。 □在讨论或争论中，我经常使用“我”的语句。 □我在讨论中很有技巧，不会提高嗓门。 □我与同龄人建立明确的界限和期望。	□我有时会粗鲁无礼。 □我可以对别人品头论足。 □如果我感到受到威胁，我可以对别人不尊重。 □我在谈话中只考虑我想要什么。 □我得证明自己是对的。 □我在与他人争论时，经常使用“你”。 □我从不放过任何事情。

用绘画或文字描述你理解的最能代表“恰到好处”的沟通风格。

儿童青少年练习单

给人留下深刻的印象

我们表达自己的方式不仅仅包括我们说的话，还包括我们通过肢体语言和语调给人留下的印象。即使我们所说的是真实而重要的信息，但如果我们以不适当的方式沟通，信息也可能会丢失。因此，你说什么和你怎么说同样重要。在这项活动中，你将思考在每种情况下展示信息的最佳方式。你也可以在练习单的最后想象一个的情景，想象在那个情景中你要说的话，你的音量和语调，以及你的姿态。

情景	你感觉如何?	你要说什么?	语音和语调	姿态
你想去看午夜电影，但你的家长说太晚了。	生气，沮丧，不被信任	“我感到很沮丧，我认为你应该允许我去。你能解释一下为什么你不想让我去吗?”	语气均匀，正常说话音量	放松双手，保持眼神交流，站直
家里有紧急情况，你需要向老师说明情况。	害怕，紧张，不安			
你考试成绩很差，你知道你可以做得更好。				

续表

情景	你感觉如何?	你要说什么?	语音和语调	姿态
老师说你没有交作业，但实际上你已经交了。				
自行补充一个场景：				

奖励：拍一张自拍照片或画一幅自画像，在其中展现出你最好的姿态，例如很好的眼神交流，双手放松，笔直的站姿。这可以用来提醒自己如何给人留下好印象。

儿童青少年练习单

关于我的一切

自我认知是感受到有能力表达自己的一个重要组成部分。你不仅需要知道你的个人优势和不足，而且在与值得信任的同龄人和成年人分享你的成就和目标时感到自信也是很重要的。以这份记录表为指导，就你最熟悉的话题做一个演讲：你！选择一个听众，然后利用每个方框中的提示，想出在你的演讲中可能包含的重要信息。

选择你的听众：家人、好朋友、学校里的伙伴、亲戚、其他________

我擅长……	我的潜力是……	我想在……做得更好。
我学的最好的是……	我被……困扰。	我最喜欢的爱好是……
我喜欢与……分享我的成就。	当我需要帮助的时候，我会问……	在这里补充你自己的想法。

关怀自己和他人

生活有时会充满压力。即使这些压力不会压垮我们，我们也要提醒自己有些时候需要把工作放在一边，远离社交媒体和技术，专注于与他人相处。本节中的几项活动可以帮助孩子们养成自我关怀的习惯，保持精力充沛，让他们继续朝着个人目标、家庭目标和整体福祉前进。这些工具将帮助他们花点时间来认可自己的努力并重新充电。最后，本记录手册以儿童青少年和照顾者的自我关怀活动作为结尾，让身体和心灵焕发活力，增强其心理韧性。

儿童青少年练习单

什么是自我关怀?

自我关怀是指用片刻时光来自我放松，给自己充电的简单活动。自我关怀对你的身体、思想和情绪都很重要。你是如何关怀自己的？回顾这里提供的自我关怀的例子，然后头脑风暴，想出你可以通过什么方式关怀你的身体、思想和情绪。

- 与朋友或家人共度美好时光
- 写日记
- 大笑
- 健康均衡的饮食

- 获得充足的睡眠
- 锻炼
- 冥想
- 阅读
- 做解谜游戏

身体自我关怀：有哪些方法可以促进身体健康？

心理自我关怀：有哪些方法可以促进健康的心理？

情绪自我关怀：有哪些方法可以促进健康的情绪？

儿童青少年练习单

你是如何自我关怀的？

自我关怀既可以让我们做好准备应对压力，也可以在压力结束后帮助我们放松。有些人更喜欢身体上的自我关怀，比如散步或运动，而有些人更喜欢正念活动，比如冥想或听音乐。在这个自我照顾调查中，找出你更喜欢的活动。经过漫长的一天或应对压力之后，什么样的活动可以帮助你放松或充电？接下来问一问你的两个朋友或家人同样的问题。你与他人分享了什么，你可以尝试哪些新活动？

最喜欢的休闲场所是：	最喜欢的食物是：
我：________________	我：________________
其他人：________________	其他人：________________
其他人：________________	其他人：________________

最喜欢的缓解压力的运动是：	恢复精力时最喜欢听的声音（比如音乐、大自然）是：
我：________________	我：________________
其他人：________________	其他人：________________
其他人：________________	其他人：________________

辛苦工作一天后，最喜欢和谁聊天：	你多久进行一次自我关怀活动?
我：＿＿＿＿＿＿＿＿	我：＿＿＿＿＿＿＿＿
其他人：＿＿＿＿＿＿＿＿	其他人：＿＿＿＿＿＿＿＿
其他人：＿＿＿＿＿＿＿＿	其他人：＿＿＿＿＿＿＿＿

列出三个你需要恢复精力时可以尝试的新想法或活动：

1. ＿＿＿＿＿＿＿＿＿＿＿＿＿＿＿＿
2. ＿＿＿＿＿＿＿＿＿＿＿＿＿＿＿＿
3. ＿＿＿＿＿＿＿＿＿＿＿＿＿＿＿＿

儿童青少年练习单

通过感官自我关怀

练习自我关怀的一个方法是调动你的五种感官：听觉、味觉、嗅觉、视觉和触觉。这份记录表提供了一些涉及这些感官的自我关怀活动的例子。表格中也预留了一些空白用于写下你自己的想法。记录下为了照顾好自己的身心，你已经尝试过的活动，以及你将来想尝试的活动。这个活动可以独自完成，也可以与你信任的人共同完成。

	例子
听觉	听舒缓的音乐，听熟悉的声音，听有声读物
味觉	吃自己喜欢的食物，喝水或喝茶，吃健康的食物
嗅觉	呼吸新鲜空气，点香薰蜡烛，闻精油
视觉	看喜欢的电视节目，阅读，见家人或朋友
触觉	裹在舒适的毯子里，坐在喜欢的椅子上，拥抱心爱的人

	我的例子	已经尝试过的	将要尝试的
听觉			
味觉			
嗅觉			
视觉			
触觉			

儿童青少年练习单

自我关怀的挑战

集思广益，找出五种不同的滋养身心的方法，并考虑如何完成。然后，接受自我关怀的挑战！承诺完成这项自我关怀计划，挑战每天、每周和每月都能完成这些活动。

我关怀心灵的五种方法：

1. ______________________
2. ______________________
3. ______________________
4. ______________________
5. ______________________

我关怀身体的五种方法：

1. ______________________
2. ______________________
3. ______________________
4. ______________________
5. ______________________

今天我将如何自我关怀?

我将通过以下方式关怀我的心灵：______________________

____

我将通过以下方式关怀我的身体：______________________

____

本周我将如何关怀自己?

我将通过以下方式关怀我的心灵：________________________

____

我将通过以下方式关怀我的身体：________________________

____

本月我将如何关怀自己?

我将通过以下方式关怀我的心灵：________________________

____

我将通过以下方式关怀我的身体：________________________

____

打卡记录

你是否能够实现你的自我关怀目标？是(　　)　　不是(　　)

你如何将自我关怀纳入日常生活？

____

____

____

____

____

儿童青少年和照顾者活动

停下充电

沉浸于电子屏幕是抽离现实的简单方法，尤其是在艰难的一天之后人们更愿意采用这样的方法放松。但是过多的屏幕时间会干扰睡眠，难以消解负面能量，还会成为一种不健康的习惯。请接受这个挑战，拔掉插头，放松一下。用你选择的自我关怀活动代替15分钟的屏幕时间，例如玩游戏、写信、阅读或遛狗。在这里写下你的计划，并在完成挑战的每一天打卡！

	新的活动
周日	
周一	
周二	
周三	
周四	
周五	
周六	

用自我关怀活动替代屏幕时间给你带来什么样的感受？

____

____

你如何将自我关怀纳入日常生活？

____

____

照顾者练习单

平凡而有意义

日常家务活动是进行互动的绝佳机会，可以让家人们互动、合作解决问题。我们往往不会利用这些机会，因为我们将这些活动视为平凡的家务，我们专注于完成它们而不是利用这个过程。在这项挑战中，写出你每周进行的三项家务活动。然后，选择其中一项并考虑哪些家庭成员可以参与，以及他们在活动中可以扮演什么角色。通过分配明确的角色和职责让每个人都有参与的目的和理由。最后，反思一下，每个人对自己的角色有何看法？

第一步：确定三项每周都会进行的家务活动

- 购买食材
- ____________________
- ____________________

第二步：选择一项活动

第三步：分配角色和任务

家庭成员	活动中的角色
例如：家长	例如：列出可以去的超市，列出购物清单

第四步：反思

这项活动进行得怎么样？你希望下次还承担同样的角色任务吗？

____

____

____

儿童青少年练习单

感谢星

感恩可以使我们专注于生活的积极面。即使这些事很小，但也很重要，他们有助于分散我们对周围负面影响的关注。你生活中的积极的事比你意识到的要多。与你的照顾者一起完成这项活动，以确定你对什么样的事心怀感激。首先，共同定义感恩对你意味着什么。然后，轮流创造一颗感谢星，写出你生活中值得感恩的事情。在记录的这些事件中，记得要包括重要的关系、事件、回忆和成功。

对你来说感恩代表什么含义?

感恩是指：

你对什么心怀感激?

儿童青少年练习单

“我的时间”日程

通过记录本周你进行自我纳悦的时间和方式来跟踪你的关怀之旅。例如，你可能锻炼了身体或与密友展开一次交谈。记下你在自我关怀活动前后的感受。通过写下这些活动并查看它们的影响，你可以激励自己将自我关怀作为日常生活的一部分。为自己能抽出时间关怀自我点赞！

	活动前你的感受	自我关怀活动	活动后的感受
周日			
周一			
周二			
周三			
周四			
周五			
周六			

你是被珍爱的！

为你在发展自身社会情感能力方面做出的努力而点赞！

参考文献

[1] Murphey, D. & Sacks, V. The prevalence of adverse childhood experiences, nationally, by state, and by race or ethnicity [EB/OL].(2018). https://www.childtrends.org/publications/prevalence-adverse-childhood-experiences-nationally-state-race-ethnicity.

[2] Centers for Disease Control and Prevention. About adverse childhood experiences [EB/OL]. (2019). https://www.cdc.gov/violenceprevention/childabuseandneglect/acestudy/aboutace.html.

[3] Substance Abuse and Mental Health Services Administration. (n.d.). Trauma, trauma types, and impact [EB/OL]. (2019). https:// www.integration.samhsa.gov/clinical-practice/trauma-informed.

[4] Centers for Disease Control and Prevention. About adverse childhood experiences [EB/OL]. (2019). https://www.cdc.gov/violenceprevention/childabuseandneglect/acestudy/aboutace.html.

[5] Center on the Developing Child, Harvard University. Toxic stress [EB/OL]. (2019). https://developingchild.harvard.edu/ science/key-concepts/toxic-stress/.

[6] Bartlett, J. & Sacks, V. Adverse childhood experiences are different than child trauma, and it's critical to understand why. Child Trends Blog [EB/OL].(2019-04-10). https://www.childtrends.org/adverse-childhood-experiences-different-than-child-trauma-critical-to-understand-why.

[7] Initiative, J. S. SAMSHA's concept of trauma and guidance for a trauma-informed approach[J]. Substance Abuse and Mental Health Services Administration, 2014.